www.ingramcontent.com/pod-product-compliance
Lightning Source LLC
LaVergne TN
LVHW021236080526
838199LV00088B/4540
9789358720716

صدائے تیشہ

(انتخابِ کلام)

راشد آذر

© Taemeer Publications LLC

Sada-e-Teesha *(Poetry)*
by: Rashid Aazar
Edition: September '2023
Publisher & Printer:
Taemeer Publications LLC (Michigan, USA / Hyderabad, India)

ISBN 978-93-5872-071-6
9 789358 720716

مصنف یاناشر کی پیشگی اجازت کے بغیر اس کتاب کا کوئی بھی حصہ کسی بھی شکل میں بشمول ویب سائٹ پر اَپ لوڈنگ کے لیے استعمال نہ کیا جائے۔ نیز اس کتاب پر کسی بھی قسم کے تنازع کو نمٹانے کا اختیار صرف حیدرآباد (تلنگانہ) کی عدلیہ کو ہو گا۔

© تعمیر پبلی کیشنز

کتاب	:	**صدائے تیشہ**
مصنف	:	**راشد آذر**
صنف	:	شاعری
ناشر	:	تعمیر پبلی کیشنز (حیدرآباد، انڈیا)
زیر اہتمام	:	تعمیر ویب ڈیولپمنٹ، حیدرآباد
سالِ اشاعت	:	۲۰۲۳ء
تعداد	:	(پرنٹ آن ڈیمانڈ)
طابع	:	تعمیر پبلی کیشنز، حیدرآباد – ۲۴
صفحات	:	۲۰۲
سرورق ڈیزائن	:	تعمیر ویب ڈیزائن

انتساب

فاطمہ کے نام

جن کے ساتھ میں نے بارہ سال گذارے ——— جو بارہ لمحوں کی طرح گزر گئے ——— اور میں سوچتا ہوں کہ ایسے لمحوں کی بارہ صدیاں بھی مل جاتیں تو تشنگی باقی رہتی

میرا سب کچھ ترے وجود سے تھا
تو نہیں ہے تو ٹوٹ گیا ہوں میں
دیر سے دُور سے سہی لیکن
تیری ہی سمت آ رہا ہوں میں

راشد آذر

گزرتے لمحے بدلتے ہیں زیست کا سرگم
صدائے تیشہ سے ہو گا نئے سُروں کا جنم

ترتیب

پیش لفظ
ادب کی جدلیات
وقت کے سارے کھیل نرالے
یادیں، تتلیاں اور تم
افسانۂ بے عنواں
عورت
اندیشہ
خلا کا مسافر
ایک لمحہ، ایک عمر
پیاس
رات کے سائے
کالج نگر کے باسی جاگو
رکش
درد کی منزلیں
آخرِ شب
آئینہ خانہ
غزل
جنگ
اک قدم اور
نئی نسل
ایک سفر
بازار میں موت بک رہی ہے
بیدار آنکھیں
آگہی
ایک نظم
تین شعر
بچپن جوانی اور پھر
سرحد

نیاز نہیں
دو افسانے
1967ء
دشمن
غزل
یہ شہر
سر جھکائے غم نہیں ہو رہا ہے
طلب
غزل
خلاء
ارتقاء
غزل
آسیب
کل کی بات
راز اور افشائے راز
غزل
مسافر
ادھوری کہانی
تمہارا گھر

عقل عیاں ہے سو کعبیں بنا لیتی ہے
صدائے بازگشت
انقلاب
روشنی کا شہر
طفلِ معصوم اور زرّیں لبادے
غزل
قربتیں، فاصلے
گزرتی عمر کا کرب
تخیل کے پیکر
گردِ یقیں

کابوس
لوحِ محفوظ
مومیا
لامحدود
خانہ ویراں
مجھے یقین آگیا
مدرسہ

پیش لفظ

راشد آذر اُردو شاعروں کی اس نسل کے نمائندے ہیں جو اس صدی کے چھٹے دہے میں ترقی پسندی کے ادبی نظریئے کی گرفت ڈھیلی ہونے کے بعد ادب سے متعارف ہوئے۔ راشد نظریاتی طور پر اس وقت بھی مارکسی تھے اور تقریباً بیس برس کے اتار چڑھاؤ کے باوجود آج بھی ان کی فکر بنیادی طور پر مارکسی ہی ہے۔ راشد نے مارکسزم کا سبق ترقی پسند نظموں، مضامین اور افسانوں کے توسط سے نہیں پڑھا بلکہ براہ راست مارکس، اینگلز اور لینن سے استفادہ کیا ہے۔ یہی وجہ ہے کہ ان کی ترقی پسندی فارمولا یا اوپر سے اوڑھا ہوا نقاب نہیں، بلکہ ان کی شخصیت، طرز فکر اور ادبی تخلیق کا جزو لاینفک ہے۔ مارکس اور اینگلز نے انھیں ادب کی جدلیات کا جو شعور بخشا ہے وہ ادب کی سماجی اور سیاسی قدر شناسی پر زور دینے کے باوجود اس کی جمالیاتی قدروں اور فنی تبدیلیوں کی ضرورت کو نظر انداز نہیں کرتا۔ اسی لئے راشد

کی شاعری اور طرزِ فکر دونوں نہ صرف ادب کے جدید ترمیلانات سے ہم آہنگ ہیں، بلکہ سماجی تبدیلیوں اور تقاضوں کو ترقی پسندی کے مروجہ تصور سے منحرف ہو کر دیکھنے اور فن میں برتنے کا نتیجہ بھی ہیں۔ راشد آذر کی جدیدیت صحیح معنوں میں ترقی پسندی کے وسیع تر مفہوم کی توسیع ہے۔ وہ بیک وقت ترقی پسند بھی ہیں اور جدید بھی، لیکن ان کی شاعری پر نہ تو ترقی پسندی کے فرسودہ پیمانوں کو منطبق کیا جا سکتا ہے، اور نہ جدیدیت کے فیشن زدہ اور سطحی معیاروں کا اطلاق ہو سکتا ہے ——— اپنی مخصوص فکری نہاد کے باوصف وہ شاعری کو پہلے شاعری سمجھتے ہیں اور بعد میں کچھ اور۔

راشد آذر کا پہلا مجموعہ "نقشِ آذر" ۱۹۶۳ء میں شائع ہوا تھا، اریب نے تعارف میں لکھا تھا۔

> "راشد پچھلے دس بارہ سال سے شعر کہتے ہیں نہ وہ کسی کے شاگرد ہیں، نہ کسی دبستاں کے پیرو۔ نہ وہ کسی تحریک سے وابستہ رہے ہیں، اور نہ کسی جماعت سے ان کا تعلق رہا ہے۔ وہ شعر شوقیہ کہتے ہیں اور نہ عادتاً بلکہ وہ شاعری کو اپنے جذبات و احساسات کے اظہار کا ایک ذریعہ سمجھتے ہیں۔"

اسی کے ساتھ اریب نے بجا طور پر اس بات کی بھی نشاندہی کی تھی کہ مایوسی، انتشار اور تشکیک کو سماجی حقیقت ماننے کے باوجود راشد ان دانشوروں میں شامل ہیں جو زندگی اور حسن سے پیار کرتے ہیں اور جو اس بے ربطیِ عالم میں ایک ربط اور اس ہنگامہ گیر و دار میں ایک گوشۂ عافیت تلاش کرنے کی سعی کر رہے ہیں

—— خواہ ان کی ستمی سعیِ لاحاصل ہی کیوں نہ ثابت ہو" ادیب کے اس بیان میں عمومی صداقت بھی ہے، اور راشد کے مخصوص رویّے کی صحیح ترجمانی بھی۔ راشد مارکسی نظریہ رکھنے کے باوجود کسی سیاسی یا ادبی تحریک کے کارکن نہیں بنے، شاید اس کا ایک سبب یہ بھی ہے کہ وہ اپنی باغیانہ روش اور انقلابیت کے باوجود اس طبقے سے پوری طرح خود کو آزاد نہیں کرسکے جو حکمراں طبقہ سمجھا جاتا ہے۔ راشد کا خاندان حیدرآباد ہی کا نہیں بلکہ ہندوستان کا ایک معزز اور صاحب اقتدار خاندان ہے جہاں کئی پشتوں سے علم و ادب کے ساتھ وجاہت، اقتدار، منصب دولت ساتھ ساتھ چلے آرہے ہیں۔ ان کے بزرگوں کے لئے وزارت اور سفارت، اور پروفیسری اور گورنری کے راستے ہمیشہ کھلے رہے ہیں راشد نے اپنی خاندانی روش سے اتنی بغاوت ضرور کی کہ سرکاری عہدوں کے حصول کی کوشش نہیں کی جو ان کے لئے سہل الحصول تھے، بلکہ وکالت کی محنت، اسکول کی ٹیچری اور بمبئی کی بے روزگارانہ زندگی کی صعوبتوں کا انتخاب کیا۔ شادی کے معاملے میں بھی انہوں نے خاندانی روش سے انحراف کیا۔ وہ فطری طور پر باغی ہیں، اس طبقے کی اقدار اور طرزِ زندگی کے جس میں وہ رہتے بستے ہیں اور جس نے ان کی اخلاقی اور ذہنی تربیت کی ہے —— لیکن اس بغاوت کے ساتھ اس طبقے کی وہ اقدار، جو آج کے سیاست دانوں میں مفقود اور آج کی کاروباری سماجی زندگی میں کم یاب ہیں، ان کی گھٹی میں پڑی ہیں۔ راشد کی بے انتہا دیانت داری، جو روپیوں پیسوں کے معاملے سے لے کر، علم، سیاست، ادب اور شخصی تعلقات تک میں کہیں سمجھوتہ نہیں کرتی، اور ان کی وہ گہری اخلاقیت جو مروجہ اخلاق

اقدار سے انکار کے باوجود ایک طرح کی اصول پرستی پر مبنی ہے، اسی طبقے سے انہیں وراثت میں ملی ہے۔ اس اصول پرستی، گہری اخلاقیت اور ذہنی دیانت کو مارکسزم پر ان کے یقین نے اور بھی راسخ کر دیا ہے۔ ان کی شخصیت اور فکر میں ان دونوں چیزوں کا قابل قدر امتزاج نظر آتا ہے۔ یہ امتزاج نہ تو خالص ترقی پسندی کی دین ہے اور نہ قدیم فیوڈل کلاس کی اخلاقیات کا نتیجہ۔ راشد نے قدیم اور جدید میں سے اپنے لئے وہی منتخب کیا جو مثبت اور صحت مند تھا۔ ان کے یہاں روایت سے انحراف ہی نہیں بلکہ انقطاع بھی ملتا ہے اور روایت کی نفی بھی۔ اس کے باوجود وہ روایت سے وابستہ بھی نظر آتے ہیں، ان میں اپنے والد پروفیسر حسین علیخاں مرحوم کی صلابت کردار اور اصول پرستی کے ساتھ ادب و علم سے اس والہانہ شغف کی روایت بھی مضبوط نظر آتی ہے جو کلاسیکی ادب و شعر اور مشرق و مغرب کے تہذیبی ورثے سے اکتساب فیض کرتی ہے۔ اسی خصوصیت نے راشد کو ترقی پسندی کی سیاسی اور ہنگامی نعرہ بازی سے بھی محفوظ رکھا اور جدیدیت کی انتہا پسندانہ روش سے بھی۔ وہ مارکسزم پر راسخ عقیدہ رکھنے کے ساتھ کمیونسٹ پارٹی کے جلسوں جلوسوں میں تو شامل ہوئے، مگر انہوں نے ادب میں احتجاجی اور جلوسی عنصر کو داخل نہیں ہونے دیا۔ اسی لئے اس دور میں بھی، جب ترقی پسندی کی باقیات کا ادب میں احترام ہوتا تھا، وہ ترقی پسند شاعر کی حیثیت سے متعارف نہ ہو سکے، اور آج بھی جبکہ کاتا اور لے دوڑی والی ذہنیت ادب و شعر میں عام ہو گئی ہے، وہ گروہ بندی، مراسلہ بازی اور تعریف و تنقیص کے

ان حربوں سے اپنی فطری معصومیت اور شرافت کی بنا پر دُور ہی رہے جو ہر سبندی کو عظمت اور ہر غلط نویس کو مجتہد بنا دینے پر منحصر ہے۔ راشد مجموعہ چھپوانے کے باوجود وسیع تر ادبی حلقوں میں وہ شہرت نہ پا سکے، جس کے لئے ادبی ریاضت اور ذہنی دیانت کے علاوہ بھی اور کچھ چاہیے۔ راشد کے یہاں یہ اور کچھ نہیں ہے۔ ان کے لیے شاعری شہرت کا وسیلہ ہے نہ اعزاز و اکرام کا ذریعہ بلکہ وہ صحیح معنوں میں اسے اظہار ذات سمجھتے ہیں —— ایسا اظہار ذات جو ستائش اور صلے، شہرت اور رسوائی سے دور رہتا ہے۔

راشد نے جس دور میں شاعری شروع کی ہے۔ ۵۰ء کے آس پاس، اُس دور کے بیشتر شعرا آج ادب میں مستحکم حیثیت رکھتے ہیں۔ راشد کے یہاں اس دور کی شاعری کی خوبیاں موجود ہیں، اور وہ فنی طور پر پختگی بھی حاصل کر چکے ہیں، لیکن ان کی شاعری اب تک اس پذیرائی کی ضرورت مند ہے، جو ایک اچھے، سچے اور خوش فکر اور خوش گو شاعر کو حاصل ہو جانی چاہئے تھی۔ ابتدا میں راشد کی شاعری پر ساحر کی سطحی رومانیت کا ہلکا سا اثر تھا، جو آہستہ آہستہ دور ہو چکا ہے ——— لیکن ان کا رویہ مجموعی طور پر آج بھی رومانی ہے۔ ان کی رومانیت عشق زدہ شاعروں کی روایتی سپردگی، ربودگی، حواس باختگی، نرگسیت، خود رحمی، نوحہ خوانی اور عنفوان شباب کی اکہری جذباتیت نہیں ——— اگر ان کی رومانیت اس نوعیت کی ہوتی تو اپنے بعض معاصر رومان زدہ شاعروں کی طرح انہیں بھی مقبولیت ضرور حاصل ہو جاتی۔ نہ ہی راشد کی رومانیت لفظوں کی مصنوعی خراش تراش، بے معنی ترکیبوں

کی تزئین کاری اور رقیق القلب شاہدبازی کی پروردہ ہے۔ ان کے یہاں شاعروں میں دل سے نکل کر دل میں اتر جانے والی وہ اپیل بھی نہیں جو دماغ سے ہمیشہ خالی رہنے کا مطالبہ کرتی ہے اور دل کو روایتی سطحیت کا مصدر و سرچشمہ جانتی ہے۔ راشد کے یہاں وہ طمطراق، شکوہ اور استادانہ قادرالکلامی بھی نہیں جو انہیں آسانی سے اپنے ہمعصروں میں ممتاز کر دیتی ــــــ انہوں نے چند سنجیدہ تنقیدی مضامین ضرور لکھے ہیں، مگر تنقید کو اپنی شہرت کا وسیلہ اور اپنی شاعری کا اشتہار نہیں بنایا ــــــ یہ تمام کام شاعر اسی وقت کرتا ہے جب اسے بلاوجہ شاعر بننے اور شاعر کہلائے جانے کا شوق ہو۔ راشد زندگی میں جس طرح اور بہت سے مشاغل میں دلچسپی لیتے ہیں اسی طرح شاعری کو بھی اپناتے ہیں۔ ان کی شاعری ان پر ہمہ وقت مسلّط نہیں رہتی بعض رومان زدہ سطحی شاعروں کی طرح وہ شاعر بننے کے سہل الحصول لوازم یعنی ہمیشہ کسی نہ کسی نوبالغ لڑکی کی محبت میں خود کو گرفتار رکھنا، کھوئے کھوئے نظر آنا، نسوانیت کی حد تک نزاکت اور لطافت کو اختیار کرنا سے بھی گریزاں رہے ہیں۔ کیونکہ یہ ان کی افتادِ طبع کے خلاف تھا ــــــ اس کے باوجود شاعری ہمیشہ ان کے لئے ایک سنجیدہ، مقدس اور محترم شوق رہا ہے۔ راشدؔ آذر کا دوسرا مجموعۂ کلام 'صدائے تیشہ' اسی شوق کے برگ و بار کی فطری نمود و پرداخت کا آئینہ ہے۔ اس شاعری میں فوری متوجہ کر لینے والی شوخ رنگ کشش نہ سہی، مگر اسکے پس پردہ ایک سچے دل کی دھڑکن، روشن ذہن کی فکر اور حساس انسان کی زندگی کے تجربات کارفرما ہیں، جو ہم سے اسی سنجیدہ توجہ، حسّاسیت اور

روشن خیالی کا مطالبہ کرتے ہیں جس سے اس شاعری کی تشکیل ہوئی ہے۔

راشد آذر مارکسزم کو ماننے کے باوجود بنیادی طور پر رومانی رویہ کے شاعر ہیں۔ یہ رومانی رویہ لڑکیوں کے عشق میں گرفتار رہنے والی اختر شیرانیت نہیں بلکہ زندگی اور مظاہر زندگی کی طرف ایک مخصوص فکری اور احساسی رویے سے عبارت ہے۔ اریب نے راشد کی جس معصومیت کو (نقش آذر کے پیش لفظ میں) ایک دولتِ کم یاب قرار دیا تھا وہی معصومیت ان کے رومانی رویے کی بنیاد ہے۔ انسان کی وہ فطری معصومیت، جو زندگی کے شدائد ابتلا میں عام طور سے گم ہو جاتی ہے، راشد کے یہاں عمر کی اس منزل پر بھی، قائم ہے۔ راشد کو ابتدائی زندگی کی وہ سختیاں اٹھانی نہیں پڑیں جو بچپن میں فرد کو پختہ کار اور جہاں دیدہ بنا دیتی ہیں۔ اور جوانی میں اس کے خوابوں، آرزوؤں اور تصورات کا خون کر کے، اس کے رویے کو منفی، متشکک اور باغی بنا دیتی ہیں۔ راشد نے آسودہ حالی میں بچپن اور طالب علمی کا زمانہ گذارا۔ مطالعے کے لیے فراغت اور مصوری و شاعری کے شوق کی تکمیل کے لیے ضروری وسائل مہیا رہے، باپ کے شاندار کتب خانے میں دنیا بھر کی کتابیں، خصوصاً ادب اور فنونِ لطیفہ کے شاہکار یکجا مل گئے۔ —— پھر راشد کے شوق نے جدید تر اور خوب تر کی جستجو بھی کی۔ ادب و فن ان کے لیے ذہنی آسائش اور تسکین کا وسیلہ رہے اور وہ کرب و آزمائش جس سے بہتوں کو زندگی براہ راست روشناس کرتی ہے، اگر راشد کو ملا بھی تو ادب کے توسط سے، مارکس کے مطالعے نے انہیں رستے ہوئے سماجی نظام کی برائیوں کا عرفان عطا کیا

اور نئے نظام کی خوش خبری بھی سنائی اور اس کے حصول کا راستہ بھی سمجھایا۔ مارکسزم تک بھی وہ علمی جدوجہد اور زندگی کے تلخ تجربوں کی وساطت سے نہیں آئے ـــــ فکری طور پر انھوں نے کتابوں سے یہ علم حاصل کیا ـــــ یہی سبب ہے کہ ان میں وہ تلخی، تندی اور شخصی تعصبات پیدا نہ ہو سکے، جو علمی زندگی کی سختیوں سے پیدا ہو جاتے ہیں ـــــ انہوں نے مفکروں اور شاعروں، مصوروں اور مصلحوں کی زندگی اور تخلیقات کے مطالعے سے بغاوت اور تعمیر دونوں کا درس حاصل کیا۔ مطالعہ نے ان کے خوابوں میں بہتر سماجی زندگی، مساوات اور انصاف کے خوابوں کو جوڑ دیا ـــــ راشد اپنی شخصیت کی پوری غیر آلودہ معصومیت کے ساتھ ان خوابوں کی پرستش کرتے رہے۔ خواب پرستی کا یہ رویہ ان کی ابتدائی شاعری میں بے انتہا رومانی ہے، مگر بعد کی شاعری میں شکستِ خواب سے بھی آشنا ہوتا نظر آتا ہے۔ شکستِ خواب کا تجربہ بھی ان کے یہاں رومانی کرب ہی بن جاتا ہے۔ یہ رومانی کرب اس کی معصومیت سے آمیز ہو کر تلخی کی شکل اختیار کرنے کے بجائے انسان دوستی اور چند اقدار پر ایمان تازہ رکھنے کا سہارا بھی ہے اور موجود سے بے اطمینانی کے ساتھ ناموجود کے حصول کی آرزو بھی۔ مارکسزم سے ان کی وابستگی بھی ایک طرح کی رومانی وابستگی ہی ہے۔ زندگی اور انسانی تعلقات میں ان کا رویہ انتہائی معصومانہ ہوتا ہے جو بہت سے لوگوں کو طفلانہ نظر آتا ہے۔ طفلی کی معصومیت، جو مصلحت اندیشی اور دنیا داری کے جھمیلوں سے آلودہ ہو کر اپنی فطری قوت کم کر دیتی ہے۔ راشد کے یہاں آج بھی اس کے وسیع مطالعے،

مختلف پیشوں کے تجربے، وکالت اور تدریس کے باوجود، ان کی شاعری کا مضبوط ترین محرک ہے ــــ راشد کا نہ صرف زندگی اور حسن، اقدار اور ادب بلکہ دوستوں سے بے محابا خلوص بھی اسکی معصومیت کی وجہ سے انتہائی بے لوث، سادہ اور بے اختیار ہوتا ہے۔ راشد نے اسی قوت کے ساتھ اپنی ماں کے خلاف پہلے عام انتخابات میں مخدوم کے لئے کام کیا، مخدوم کی بھوک ہڑتال ان کی آنکھوں میں آنسو بن جاتی تھی، اریب کی موت کو کئی ماہ گزرنے کے بعد بھی آج تک راشد کا ہر خط اریب کی یاد کے آنسوؤں سے واقعی بھیگا ہوا آتا ہے۔ راشد کی معصومیت کے لیے یہ تمام وابستگیاں مساوی طور پر عزیز ہیں۔ راشد نے اپنے والد کے انتقال پر جب نظم لکھی تو بہت سے لوگ ان مصرعوں پر چونکے بھی اور برافروختہ بھی ہوئے ؎

شب مہتاب میں جب جام اٹھاتا ہوں کبھی
کوئی چٹکی سی مرے دل کے قریں لیتا ہے

موج مے آپ کا چہرہ مجھے دکھلاتی ہے
دل کے کونے میں دیا یاد کا لو دیتا ہے

لیکن راشد کی زمانہ ناساز معصومیت باپ کے غم سے شراب کا رشتہ توڑنے پر آمادہ نہیں ہوئی ــــ راشد کی رومانیت ہی نے انہیں بغاوت اور سرکشی کی راہ بھی دکھلائی اور زندگی کے ان تجربوں کو اپنانے کا حوصلہ بھی دیا، جن سے وہ خوش قسمتی کے باعث محروم رہے تھے۔

راشد سے میری ملاقات اس وقت ہوئی جب میں بی اے کا طالب علم تھا اور وہ قانون پڑھ رہے تھے۔ آہستہ آہستہ یہ ملاقات جذباتی قرب اور دوستی

میں بدل گئی ۔۔۔ یہ زمانہ میری بے معاشی، بے سروسامانی اور انتہائی پریشانی کا تھا ۔ راشد نے اپنے والد کے شاندار مکان کے برآمدے میں بیٹھ کر جہاں سے پورا حسین ساگر ایک جانب حیدرآباد اور دوسری جانب سکندرآباد کی رنگینیوں کو آئینہ دکھلاتا ہے، میری اس تکلیف اور صعوبت سے بھری ہوئی زندگی پر رشک کرتے ہوئے کہا تھا " کاش مجھے زندگی کے یہ تجربے حاصل ہوتے ۔" اس وقت میرے لیے حصول علم پہلا مقصد تھا، میں بے یقینی اور نانِ شبینہ کی محتاجی کے ساتھ علم حاصل کرنے کے شوق کی تلخی سے آشنا تھا ۔ میں نے ان سے کہا، اگر ایسا ہی ہے تو ہم اور تم زندگی میں اپنی اپنی جگہیں بدل لیں ۔۔۔ تاکہ میں فراغت کے ساتھ تعلیم کی تکمیل کرلوں اور تم زندگی کے تجربے خوشی خوشی بٹورتے پھرو ۔۔۔ یہ بات تو مذاق کی تھی مذاق میں اڑ گئی ۔۔۔ مگر چند برس وکالت کے پیشے کی دنیاداریوں اور مصلحت اندیشیوں کا تجربہ کر کے راشد نے اسے اچانک ترک کردیا ۔ اور ترکِ وکالت کے ساتھ ترکِ وطن بھی کیا ۔ وہ اپنی نو بیاہتا دلہن کے ساتھ، جس سے شادی کرنے کے لئے انہوں نے پورے خاندان کی مخالفت مول لی تھی، بمبئی چلے گئے ۔ بمبئی میں اپنے بڑے بھائی کے شاندار گھر کی آسائش چھوڑ کر وہ کھولی اور فٹ پاتھ کی لذتوں، کے تجربے اٹھاتے اور خوش ہوتے رہے ۔۔۔ ان کے لئے غربت، بے گھری اور دربدری ایک ایسا تجربہ تھی، جس میں انھیں رومانی لذت ملتی تھی ۔۔۔ آہستہ آہستہ زندگی انہیں اپنے پہلے راستے کی طرف لے آئی ۔۔۔ لیکن ان کی وہ معصومیت جو زندگی کے ہر تجربے کو رومان بنانے کی اہلیت رکھتی ہے، آج بھی باقی ہے

بمبئی سے واپسی کے بعد راشد نے پبلک اسکول میں مدرسی کا کام کیا اور اس کام کو بھی رومانی آئیڈیل پرستی سے کرتے رہے۔ ان کے لئے یہ وسیلۂ معاش ہی نہیں بلکہ نئی نسلوں کی تربیت کا خارا گداز کام بھی تھا۔ جو آذر کی سی لگن اور شوق چاہتا تھا۔ میں اس وقت تک ترکِ دکن کرکے لکچرر ہو چکا تھا۔ جب راشد سے مدرسی کے پیشے کے تقدس اور اہمیت کا ذکر سنتا تھا تو اپنے پیشہ کی بے مائیگی بھول ان کی آدرش پرستی پر رشک بھی کرتا تھا اور ان کی معصومیت پر دکھ بھی محسوس کرتا تھا۔۔۔۔ یہ شخص جو اپنے خاندانی اثر ورسوخ کے سہارے کیا کچھ نہیں بن سکتا تھا، مدرسی میں بھی مگن ہے۔ کچھ دن بعد راشد نے یہ کام بھی چھوڑ دیا اور نیا کام بھی اسی لگن سے کرنے لگے گویا اسی طرح سماج کی نئی تشکیل کا مقدس کام سرانجام پا سکتا ہے۔

راشد آذر کی شخصیت کا یہ تعارف اس لئے ضروری تھا کہ اس روشنی میں ان کی شاعری اور طرزِ فکر کو سمجھنے میں مدد مل سکتی ہے۔ راشد آذر اپنے ذہن کی آنکھ سے دنیا کو اسی تحیر سے دیکھتے ہیں جس سے اولین دور کے انسان نے مظاہرِ کائنات کو دیکھا ہوگا۔ اس تحیر میں معصومیت کے ساتھ تجسس بھی ہے اور تفکر بھی۔ یہ تفکر وہ ہے جسے اصطلاح کا نقطۂ آغاز مانا جاتا ہے۔ حیرت اور شک۔ راشد انسان کے عہدِ طفولیت سے ہزاروں برس آگے اس لئے ہیں کہ وہ ذہنی اور جسمانی طور پر بیسویں صدی کے اس حصے میں اپنے وجود کی تکمیل کر رہے ہیں جو تغیر پذیری میں

پچھلے تمام ادوار سے تیز تر ہے۔ اُن کے پیچھے انسانی تجربے کی وہ طویل صدیاں ہیں جو رینگ رینگ کر بڑھی تھیں ـــــ تاریخ اور جدلیاتی مادّیت نے انھیں ماضی کی روشنی دی ہے۔ ان کا اپنا احساس وجود حال کو اپنے میں جذب کر رہا ہے اور ان کا شعور مستقبل کی صورت دیکھنے اور دکھانے کی کوشش میں مصروف ہے ـــــ ماضی حال اور مستقبل کے اس وسیع تناظر (Pers-pective) میں ان کی معصومیت آمیز رومانیت اپنے موضوعات کو ایک بچے کی طرح چھوتی، دیکھتی، چکھتی، سنتی اور برتتی ہے۔ راشد ہم عصر سماج کی پیچیدگی، انسانوں کی مشینیت، اقدار کی شکست اور ہمہ گیر تشکیک سے باخبر ضرور ہیں، مگر وہ ان کو اپناتے نہیں، بلکہ ان کے مقابلے میں اور ان کی ضد رکش میں اپنی معصومیت کو باقی رکھنا چاہتے ہیں ـــــ آج کے دور میں رومانیت کا درخت صرف اسی قبیل کی معصومیت کے سہارے پنپ سکتا ہے، ورنہ حقیقت کا غیر رومانی پہلو اتنا طاقت ور ہے کہ ادب و شعر بھی مخالف رومانی (anti-romantic) ہوتے جا رہے ہیں۔

میں راشد کی نظموں کی رومانیت کو محض عشق زندگی سے تعبیر نہیں کرتا ـــــ عشق کا تجربہ ان کی نظموں کے تانے بانے میں پیوست ضرور ہے۔ مگر یہ عشق ان کی شخصیت، فکر و نظر اور زندگی سے علیحدہ نہیں بلکہ اسی کا ایک اظہار ہے۔ راشد کی خالص رومانی (عشقیہ) نظموں میں بھی عورت کی محبت اکہرا جنسی تجربہ یا افلاطونی تصور نہیں، یہاں زندگی کی پرچھائیاں بھی متحرک نظر آتی ہیں، ابتدائی چند نظموں کے یہ حصے دیکھیے ؎

آٹے دال کے بھاؤ میں پھنس کر
عشق بھی کرنا بھول گیا ہوں
زخم ہے تازہ، درد فزوں تر
اور مجھے احساس نہیں ہے (وقت کے سارے کھیل نرالے
آج جب مجھ کو عورت کی ہے آرزو
آج عورت نہیں، ایک دیوی ہو تم
آج انساں نہیں، ایک پتھر ہو تم (عورت)
ملے نہ زندگی کے ڈھانچے سے ڈھانچہ ملے، مگر زرد ہیں
غمِ حیات و غمِ روزگار میں ڈوبی
بھٹکتی پھرتی ہوں در در کی ٹھوکریں کھاتی (اندیشہ

اس طرح راشد کی جو نظمیں سماجی، سیاسی اور ہنگامی موضوعات سے متعلق ہیں، ان میں ایک طرح کا رومانی رویّہ غالب نظر آتا ہے۔ 'خلا کا مسافر' اپالو-۱۱' کانچ نگر کے باسی جاگو' 'رُت' 'آئینہ خانہ'، 'جنگ'، 'مخدوم کے نام'، 'ایک سفر' بازار میں موت بک رہی ہے'، 'دشمن' وغیرہ ایسی نظمیں ہیں جن میں ہمیں ترقی پسند دور کی انقلابی رومانیت کے خط و خال دکھائی دیتے ہیں ۔ ساحر کی رومانیت سطحی اور ایک مخصوص عمر کے جذبات تک محدود ہے۔ راشد پر ابتدا میں ساحر کا اثر رہا ہے، اب بھی چند مصرعوں میں یہ اثر ظاہر ہو جاتا ہے۔ لیکن ان کے ہاں ساحر سے زیادہ فیض کی رومانی دردمندی اُبھر آئی ہے ۔
'اندیشہ'، 'درد کی منزلیں'، 'آخرِ شب'، 'بیدار آنکھیں'، 'آسیب' اسی اثر پذیری

کی نمائندگی کرتی ہیں۔ اس اثر کا یہ مطلب نہیں کہ راشد آذر کی اپنی کوئی آواز یا لہجہ نہیں ـــــ راشد کا لہجہ جن نظموں میں انفرادیت کی حدوں کو چھوتا نظر آتا ہے ان کے عنوانات یہ ہیں:

رات کے سائے، ایک نظم، بچپن جوانی اور پھر، سرحد، دو افسانے، ۱۹۶۷ء، سر جنوں خم نہیں ہوا ہے، ملبہ، خلا، کل کی بات، ادھوری کہانی ـــ ان نظموں میں ہر جگہ فنی پختگی اور مہارت نہیں ہے، اس کے باوجود یہ لہجہ راشد کا اپنا لہجہ ہے ایک نظم کا موضوع ہے اعضائے انسانی کا بدل جانا، یہ نظم راشد نے اس وقت لکھی تھی جب اعضا کے (Transplantation) کے تجربے ابتدائی مدارج میں تھے۔ راشد کے تخیل نے آنے والے زمانے کے مسئل کو علامت بنا کر آج کے عہد کے انسان کی لاشخصیت (Dehumanization) کے مسئلے کو بڑی انفرادیت سے پیش کیا ہے۔ دو افسانے، بیوی اور محبوبہ عشق کے دو مختلف تجربوں پر مبنی ہے اور اپنے (approach) کے لحاظ سے نئے۔ کسی ایک مجموعے میں اتنی تعداد میں اچھی اور منفرد نظموں کی موجودگی بھی غنیمت ہے۔

اس مجموعے میں راشد کی ایک متنازعہ فیہ نظم "نئی نسل" بھی شامل ہے، میرے خیال میں اگر یہ نظم شامل نہ ہوتی تو اچھا تھا کیونکہ اس نظم میں راشد نے تشکیک زدہ جدید ذہن کو شکست خوردہ، مایوس اور فرسودہ ٹھیرایا ہے۔ ان کے نزدیک موجودہ تشکیک و انتشار کا سبب مذہبی اقدار اور خیالی جنت کی پرستش ہے۔ راشد اس بات سے ناواقف نہیں کہ شکست اور تشکیک کا احساس

نئی نسل کے ان افراد کا بھی مقدر رہے جو مذہب کو رد کر کے، ایک خیالی جنت کے بجائے ارضی جنت کے وعدوں پر ایمان لا چکے تھے ـــــ اس نظم میں راشد کی ایک سیاسی آئیڈیالوجی سے وابستگی حقیقت کو صاف اور واضح طور پر نہ دیکھ سکنے کی وجہ بن گئی ہے۔ اس نظم کی شمولیت راشد کو بہت سے جدید ادیبوں کی نظر میں جدیدیت دشمن بھی ٹھہرا سکتی ہے ـــــ اور اس غلط فہمی کی ذمہ داری راشد پر ہی ہوگی ـــــ حالانکہ راشد بحیثیتِ مجموعی اپنی تخلیق میں خود جدید ہیں ـــــ راشد کی جدیدیت منفی ودتیے، بیزاری، تشکیک اور انسان بیزاری پر مبنی نہیں، بلکہ ایک طرح کی رومانی امید پرستی پر مبنی ہے۔ اس کے باوجود راشد کے یہاں بھی شک اور مایوسی کی وہ پرچھائیاں نظر آ جاتی ہیں، جو آج کے دانشور اور فن کار کے لئے سب سے بڑا چیلنج ہیں۔

راشد کے یہاں اس جدید فکر و احساس کے شواہد کثرت سے ملتے ہیں، میں چند مثالوں پر اکتفا کروں گا۔

میں اک ایسا ذرّہ ہوں جو
لمحہ لمحہ حرکت میں ہے
ان قدروں سے کیا لینا ہے
ماضی کے اندھے غاروں میں
جن کو میں خود پھینک آیا ہوں
جب ننھے آگے بڑھتے ہیں
پیچھے وقت کی دھول اڑتی ہے (رکشا)

مجھے تو آج بھی تم سے وہی محبت ہے
"مگر مجھے یہ گماں ہے کہ میں اکیلا نہیں
بہت سے لوگ ہیں جو تم کو چھوتے رہتے ہیں
جو مر چکے ہیں، مگر جن کے مجھ میں اعضا ہیں
فقط تمھی کو نہیں اور عورتوں کو بھی
تمھیں سمجھ کے وہ چھوتے ہیں، پیار کرتے ہیں
اگرچہ میں 'نہیں' ہوں" پھر بھی سوچتا ہوں یہی
کہ میرے سامنے تم ہو کہ اور کوئی ہے
اسی لئے تو میں کہتا ہوں، آؤ لوٹا دیں
وہ سارے اعضا لئے تھے جو مستعار کبھی
یہ اعضا بینکوں سے لائے تو تھے، مگر یہ ذہن
جو میرا اپنا ہے، اس کو اگر بدل دیتا
تو شاید عشق کی قدریں بدل گئی ہوتیں (ایک نظم)

میں ایسی لاشخصیت زدہ زندگی کے میلے سے اپنی اک شخصیت بچا کر
خود اپنے شانوں پہ اپنا مصلوب سر لئے تم سے صرف اخلاص چاہتا ہوں
(سرحد)

میری بیوی
میرے ساتھ ہی چاند کی کرنیں

گننے میں مصروف ہے لیکن
میرا بچہ
کرنوں کے زینوں پر چڑھ کر
چاند میں جانے کے منصوبے
بنا رہا ہے (نیا ذہن)

کہ جس کی جلد اور ہونٹوں کے بیچ میک اپ کی تہہ نہیں ہے
دہکتے چولہے سے میرے بستر کی ہر شکن تک
ہیں لاکھ افسانے، ایک عنواں (دو افسانہ)

بہت ترقی ہوئی ہے اب تک
پہاڑ کاٹے گئے،
سمندر کے دل میں خنجر کی طرح اترے جہاز،
ڈالی گئی بنائے جہانِ تازہ
مشین انساں کا کام کرنے لگے ہیں سارا
مگر کہانی وہی رہی ہے
دلِ تمنا ہے زخم خوردہ

ہتیلیاں کشتِ خشک جیسے
کہ جن پہ چھالوں کی فصل یک یک کے کٹ چکی ہے
(سرِ جنوں خم نہیں ہوا ہے)

لیکن آج کے انسان کی شخصیت بالکل
چند عمائی تحریکوں میں
اور کچھ نجی مسائل میں یوں
بکھر چکی ہے
جیسے پت جھڑ کے موسم میں
فرشِ زمیں پر
سوکھے پتے گر جاتے ہیں
اور پیڑوں کے
خالی ڈسلنچے وہ جلتے ہیں (خ ۔ ۔ ۔ سلام)

راشد کے زیرِ نظر مجموعے میں چند ہی غزلیں ہیں، مگر ان غزلوں میں بھی ایسے اشعار مل جاتے ہیں جو جدید حیثیت کا نتیجہ ہیں، غزل میں ایسے اشعار موجودہ عہد سے قبل لکھے ہی نہیں جا سکتے تھے۔ اس لئے ان میں نہ صرف اپنے عہد کی انفرادیت ملتی ہے، بلکہ شاعر کی اپنی انفرادیت بھی نمایاں ہوتی ہے ؎

گھبرائے زندگی سے تو پایا تجھے قریب

اس ایک ، بات پہ ہے تیرے پیار کی اساس
جب تم نہ تھے پیتا تھا غم بھولنے کو میں
تم آ گئے تو بڑھ گئی کیوں اور میری پیاس
غازے کی تہہ میں سلوٹیں چہرے کی دیکھنا
میرے لئے مسائل ور روز و شب بھلا

ہتھیلیوں سے بجھایا ہے جس نے شمعوں کو
وہ احتیاج رکھے کس سے روشنی کے لئے

ہر گھڑی دل میں ہے بے تابیِ خاطر جیسے
اپنے گھر میں ہوں، سرائے میں مسافر جیسے
ہر دریچے سے تری یاد نے پہلو بدلے
بس کی کھڑکی سے بدلتے ہوں مناظر جیسے

لفظ و معنی ڈھونڈ رہے ہیں قدروں کے انبار میں ہم
کتنی قدریں بے معنی ہیں آج ہمیں معلوم ہوا

راشد آذر نے فکر و احساس کی جدیدیت کے ساتھ بحور و اوزان میں بھی ایک نیا مگر قابلِ توجہ تجربہ کیا ہے۔ انہوں نے اپنی چند نظموں میں انگریزی میٹر کی پابندی کرتے ہوئے انگریزی کے چند مصرعوں کی تضمین کی ہے — مجھے تو یہ تجربے نثری شاعری کے بیشتر تجربوں سے زیادہ اہم، معنی خیز اور کامیاب معلوم ہوتے ہیں۔ راشد نے مصوری سے واقفیت کا بھی اپنی نظموں کی امیجری میں خاصا فائدہ اٹھایا ہے۔

میں نے شروع میں عرض کیا تھا کہ راشد آذر کی شاعری پر نہ تو ترقی پسندی کی چھاپ پوری اترتی ہے، نہ جدیدیت کی — اس لئے کہ ترقی پسندی بھی عام معنی میں چند فارمولوں سے ناپی جاتی تھی، اور آج جدیدیت بھی مختلف گروہوں کے خود ساختہ پیمانوں سے ناپی جانے لگی ہے۔ راشد کے یہاں ترقی پسندی وسیع تر مفہوم میں، رومانیت سے آمیز ہو کر جدید طرز احساس

کو قبول کرتی نظر آتی ہے۔ ایک ایسے شاعر کے لئے جو کسی طور پر راسخ العقیدہ مارکسسٹ ہو، جدیدیت کی طرف عبور دشوار ہے۔ مگر راشد آذر کی شاعری اس حقیقت کا اشاریہ ہے کہ شاعر کسی بھی نظریئے کو قبول کرے تخلیقی عمل میں وہ انہیں تجربات کے اظہار کے قریب تر آ جاتا ہے، جو آج کے ادب کی نمایاں انفرادیت کے ذمہ دار ہیں ـــــ راشد آذر ایک سچے شاعر ہیں، ان کی شاعری تصنع سے پاک، الفاظ و بیان اور تراکیب و تشبیہات کی خراش تراش سے دور، ایک معصوم دل کی ترجمان ہے، جو انسانی شرافت پر یقین رکھتا ہے۔

زیرِ نظر شعری مجموعے میں ہر تخلیق ایک سطح کی نہیں جن نظموں میں شاعر کی انفرادیت پوری طرح ابھر نہیں سکی ہے، وہ فنی لحاظ سے نسبتاً کمزور ہیں۔ بعض مقامات پر زبان و بیان کی ایسی لغزشیں بھی نظر آتی ہیں، جو ذرا سی توجہ سے دور ہو سکتی تھیں۔ ان کا اسلوب مجموعی طور پر ترقی پسند دور کی نظموں کی یاد دلاتا ہے، وضاحت اور صراحت کا حامل؛ کہیں کہیں ترسیل اتنی مکمل ہے کہ قاری کے لئے خود سوچنے کو کچھ نہیں رہ جاتا۔ ایسی نظموں میں جذبے کی تہیں بھی نہیں، جو کہا گیا، وہی شاعر کا مقصود بھی ہے، اس میں مزید تہیں تلاش کرنا عبث ہے۔ یہ خصوصیت شاعر کی کامیابی بھی سمجھی جا سکتی ہے اور ایک حد تک ناکامی بھی۔ راشد آذر نے نظموں کا فارم (Form) بھی وہی رکھا ہے جو بے ہیئت فارم کہلاتا ہے اور جو ترقی پسند دور میں عام طور پر مقبول تھا۔

لیکن اس کے ساتھ انہوں نے نئے اظہارات سے بھی کام لیا ہے اور روایتی زبان کے اصولوں کو بھی توڑا ہے۔ آزاد نظمیں ایک ہی دھن میں گی ـــــ لیکن

کسی شاعری کی روح تک پہونچنے کے لئے محض فارم پر زور دینا نتیجہ خیز نہیں ہوتا۔ جدید سے جدید تر فارم میں انتہائی فرسودہ اور روایتی شاعری کی جاسکتی ہے اور قدیم سے قدیم فارم کو انتہائی جدید اور انقلاب آفریں اظہار کے لئے کامیابی سے برتا جاسکتا ہے۔ راشد کی شاعری کی روح، ہم عصر ادب کی روح سے ہم آہنگ ہے اور مجموعی طور پر ان کے یہاں ہمیں حقیقی اور سچے تجربات کا شاعرانہ اظہار ملتا ہے۔ ان کی انفرادیت ان کے مخصوص تحیّر اور ذہنی رویّے میں ہے۔ ان کا ذہنی رویّہ امید پرستانہ اور اقدار پرستانہ ہے ــــ وہ شکستِ اقدار کے نہیں بلکہ پرستشِ اقدار کے شاعر ہیں۔ ان کی شاعری خوابوں کی شکست کا بھی سراغ دیتی ہے، مگر اس کا غالب آہنگ خواب پرستانہ ہے۔ آج جب کہ رجائیت کی مخالفت اور اقدار کی شکست کی نوحہ خوانی رسمِ عام بن گئی ہے، راشد کی شاعری کو پڑھ کر یہ احساس ہوتا ہے کہ وہ ادب کے مروجہ فیشن کے اندھے مقلّد نہیں، بلکہ اپنے ذہن سے سوچنے اور اپنے دل کی بات کرنے کے قائل ہیں، ان کی رجائیت اور اقدار پرستی، ادعائی (Dogmatic) نہیں کیونکہ وہ چند اقدار کی کامیابی پر پختہ یقین رکھتے ہیں، ان کی امید پرستی اسی یقین کی زائیدہ ہے۔

زیرِ نظر مجموعے کی نظموں میں عیب بیں اور نکتہ چیں نظریں خواہ اور کوئی کمزوری، تلاش کرلیں۔ مگر یہ ماننا پڑے گا کہ یہ شاعری نہ تو فیشن زدہ ہے اور نہ فارمولا گزیدہ ــــ اور یہی ان تخلیقات کی سچائی کا سب سے بڑا ثبوت ہے۔

راشد کی شاعری جدید ہے۔ اس لئے کہ جدید ذہن ایک قسم کا ذہن نہیں، جدیدیت کی اصطلاح مختلف ہی نہیں بلکہ کبھی کبھی متضاد اذہان پر بھی صادق آسکتی ہے۔ راشد کی شاعری سے انصاف کرنے کے لئے دو شرطیں لازمی ہیں۔ ایک تو یہ کہ جدیدیت کو منفی فارمولوں سے نہ ناپا جائے، دوسرے یہ کہ اس معصومیت کی قدر کی جائے جو فن میں بھی آرائش سے زیادہ تجربے اور احساس کے بیان کو اہمیت دیتی ہے۔ یہ معصومیت آج کے دور میں فن اور زندگی کی سطحوں پر مفقود ہوتی جارہی ہے، مگر راشد کی شخصیت اور شاعری کا بنیادی محرک یہی معصومیت ہے جو رومانیت کی ایک شکل ہے۔ اس نظر سے دیکھا جائے تو 'صدائے تیشہ' کا شاعر اس پذیرائی کا مستحق ہے جو نقشِ آذر کی اشاعت کے وقت سے ہم پر قرض ہے۔

وحید اختر

شعبۂ فلسفہ
علی گڑھ مسلم یونیورسٹی
علی گڑھ

ادب کی جدلیات

"نقشِ آذر" میرا پہلا مجموعۂ کلام ہے جو ۱۹۶۳ء میں شائع ہوا تھا۔ میرا دوسرا مجموعۂ کلام "صدائے تیشہ" آپ کے ہاتھوں میں ہے۔ نقشِ آذر اور صدائے تیشہ کے درمیان جو وقت کا دریا بہہ چکا ہے اس کا پانی لوٹ کر نہیں آسکتا۔ ان دونوں مجموعوں کے درمیان ہجر ملنے کا فاصلہ ہے وہ کبھی کم نہیں ہو سکتا۔ ان دونوں مجموعوں کے درمیان ایقان اور تشکیک کی کئی منزلیں ہیں، قدروں کی

۱؎ یہ دیباچہ میں نے اپنی بیوی فاطمہ کی زندگی ہی میں لکھا تھا۔ شاید اب لکھتا تو اس کے شروع کے جملے بدلے ہوئے ہوتے۔ اب میں ان جملوں میں کسی قسم سے کوئی ردوبدل کرنا نہیں چاہتا۔ مجھے سخت رنج ہے کہ یہ مجموعہ جسے ان کی زندگی میں شائع ہو جانا چاہئے تھا ان کی وفات کے بعد شائع ہو رہا ہے۔ (راشد آذر)

شکست وریخت اور نئی قدروں کی تلاش کی جدوجہد ہے، ناامیدی کے کالے بادل ہیں اور اُمید کی روشن کرنیں بھی۔ ایک موڈ اور ایک کیفیت نہیں ہے اور ہو بھی نہیں سکتی کیونکہ یہ سب نشیب و فراز زندگی کا جزوِ لاینفک ہیں۔ اگر یہ نہ ہوتے تو زندگی بے لطف اور بے رنگ ہوتی۔ میرا کلام بھی انہی مختلف کیفیتوں کا غماز ہے۔

میں نے کبھی کسی تحریک سے، جس کو میں درست سمجھتا ہوں، اپنا ناتہ نہیں توڑا، جلوس میں شریک ہونے کو میں نے اپنی شان کے خلاف نہیں سمجھا، دانشورانہ گھمنڈ سے کوسوں دور رہا اور زندگی کے چہرے سے اصطلاحات کے تعصب کا میک اپ (make-up) اتار کر اس کی جلد کی سلوٹیں دیکھنے کی کاوش کرتا رہا جس طرح زندگی کی جدلیات تنگ نظری کی آبیاری نہیں کرتی اسی طرح ادب کی جدلیات سے بھی تنگ نظری کا کوئی واسطہ نہیں ہوتا۔ یہی وجہ ہے کہ میرے کلام میں آپ کو کسی ایک طرزِ بیان کی پابندی نہیں ملے گی۔ موضوع اور موڈ کے لحاظ سے طرزِ بیان بھی بدلتا ہے۔ کوئی بیرونی پابندی عائد کرنے کی میں نے کبھی کوشش نہیں کی کیونکہ زندگی کی جدلیات سے ہٹ کر ادب پر جو بھی پابندی عائد کی جائے گی وہ تعصب کی پروردہ ہوگی۔ یہ بات نہ ترقی پسندی کے خلاف ہے نہ جدیدیت کے بلکہ دونوں گروہوں میں موجود متعصب اور تنگ نظر غیر ادبی قسم کے ادیبوں کے خلاف ہے جو ہر تحریک میں کافی تعداد میں موجود ہیں۔ یہ بات کوئی نئی بھی نہیں ہے۔ یہی بات کبھی مارکس اور اینگلز نے لکھی تھی اور کبھی بار لینن نے اسے دہرایا تھا۔

لیکن غضب تو یہ ہے کہ بیشتر ترقی پسندوں نے ان تینوں کو نہیں پڑھا اور ان تینوں کے نام سے اپنے تعصبات کو منسوب کر دیا اور پھر بیشتر جدیدیوں نے بھی ان کو بغیر پڑھے ان تعصبات کے خلاف جنگ لڑنی شروع کر دی۔ادب کی تاریخ بعد کو چل کر یہ بتائے گی کہ یہ دونوں تنگ نظری کے شکار تھے اور وہم میں مبتلا کسی گمان سے برسرِ پیکار تھے،کسی سائے سے لڑ رہے تھے۔ ورنہ ترقی پسندی کا اصل مفہوم خود یہ ظاہر کرتا ہے کہ زندگی وقت اور سماج کے ساتھ ادب میں بھی ہیئت، موضوع، مواد اور انداز بیان میں تبدیلی ضروری ہے۔اس لئے اچھی ترقی پسند تخلیق اپنے دور کی جدید تخلیق ہوگی

یہ تبدیلی اس وقت کار آمد ثابت ہوگی جبکہ ہم زندگی کو حسین تر بنانے کی جدوجہد میں اس شعور کے ساتھ شرکت کریں کہ خراشِ عقدہ مشکل کے ساتھ سوز و سازِ آرزو کا رشتہ بہت مضبوط ہے ۔ ہر قدم جو منزلِ آرزو کی طرف اٹھتا ہے شکستِ آرزو کے روڑوں کو ٹھکرا بھی سکتا ہے اور ان کی چوٹ سے زخمی بھی ہو سکتا ہے۔لیکن اس سفر میں،اس جدوجہد میں شرکت ضروری ہے۔ صرف دیدۂ مینا نہیں دستِ آہن گداز بھی چاہئے۔ شاعر کو صرف زیبِ محفل ہی نہیں ۔ شریکِ شورشِ محفل بھی ہونا چاہئے۔اقبالؔ نے اپنی نظم گلِ رنگیں میں کہا تھا ؎

نقش ہائے خراشِ عقدۂ مشکل نہیں   اے گلِ رنگیں ترے پہلو میں شاید دل نہیں
زیبِ محفل ہے شریکِ شورشِ محفل نہیں   یہ فراغت بزمِ ہستی میں مجھے حاصل نہیں
اس چمن میں مَیں سراپا سوز و سازِ آرزو
اور تیری زندگانی بے گدازِ آرزو

شاعری حالات کا آئینہ نہیں ہوتی، زندگی کی نباض، غماز اور مورخ ہوتی ہے، کیونکہ آئینہ میں سیدھا ہمیشہ الٹا دکھائی دیتا ہے وجہ یہ ہے کہ آئینہ عکس کو جوں کا توں لوٹا دیتا ہے۔ اس کی نئے سرے سے تخلیق نہیں کرتا۔ شاعر اگر زیبِ محفل ہو تو اس کی شاعری صرف آئینہ دکھا سکتی ہے اور اگر شریکِ شورشِ محفل ہو تو اس کی شاعری حقیقت اور زندگی کی غماز ہوگی۔ اقبال یہ بات جس یقین کے ساتھ کہہ سکتے تھے اس یقین کے ساتھ آج کا ترقی پسند شاعر بھی نہیں کہہ سکتا۔ البتہ تیس سال پہلے ترقی پسندوں نے بھی یہ بات کافی یقین کے ساتھ کہی تھی دراصل اقبال نے جو بات گی وہ کھل کر اس لئے کی کہ ان میں وہ سارے تضادات سمو گئے تھے جو ہمارے ملک کی تحریکِ آزادی میں موجود تھے۔ اس لیے گھٹیا بات بھی انھوں نے اسی قوت اور یقین کے ساتھ کہی۔ یہ اس تحریک کا گھٹیا پہلو (فرقہ واریت) بول رہا تھا لیکن وہی شریکِ شورشِ محفل والی بات ہے جس کی وجہ سے شاعر کے کلام میں جان پیدا ہوتی ہے۔ اقبال کے اور ہمارے ادوار کے درمیان یقین اور گمان، صداقت اور رشوت ستانی، ایثار اور خود غرضی کی کئی منزلیں گزریں۔ بڑی عظیم شخصیتیں اور بڑے پُر خلوص لوگ ملے، جن کی جلد گر بیدی گئی تو ریا کے سوا کچھ بھی نہ تھا ہر منزل پر ان حالات میں نئی پیچیدگیاں پیدا ہوتی رہیں اور بڑے بڑے رہنما اپنے کسی سیاسی مفاد کی خاطر یا اپنی پول کھلنے سے بچنے کے لئے رشوت خوروں کی پشت پناہی کرنے لگے اور خود اپنی جیبیں بھرنے لگے۔ ایک کمیشن کے بعد دوسرا کمیشن بٹھایا گیا۔ لیکن نتیجہ صفر نکلا۔ اور پھر ہمارے وہ محبوب رہنما بھی

جنہوں نے گھسٹی روایات سے منحرف ہو کر ایک انقلابی ذہن کی پرورش کی تھی" مفت کی شراب قاضی کو بھی حلال" کہنے لگے۔ اس بے راہروی اور بے یقینی کے عالم میں بھرپور ایقان اس وقت تک پیدا نہیں ہو سکتا جب تک کوئی تحریک ایسی زور و شور سے اور ملک گیر پیمانے پر نہ چل پڑے جو طوفانی شورش کے ساتھ تحریک آزادی چل پڑی تھی اور ایسی کسی پُر زور تحریک کی غیر موجودگی میں بھرپور ایقان ایک خوش فہمی کے سوا کچھ نہیں ہو سکتا۔ پھر وہی آئینہ دکھانے والی بات ہو جائے گی یا پھر کوئی مخدوم زندگی کی محبت میں موت سے آخری وقت تک لڑتا لڑتا دم توڑ دے گا یا کوئی جامی وقت کے صحرا میں احساس کی پیاس بجھانے کی آرزو میں موت کی گود میں سو جائے گا یا کوئی اریب اس خوش فہمی کے خلاف صداقت کو للکارتا ہوا داخلی تضاد اور فرسٹریشن کا شکار ہو کر حلق کے کینسر سے مر جائے گا

ایک اہم سوال اب تک جس کا کوئی تشفی بخش جواب میرے ذہن میں نہیں آیا وہ یہ ہے کہ شاعری اور پروپگنڈہ (propaganda) میں کیا فرق ہے اور کیا پروپگنڈہ شاعری کا ایک جزو ہے۔ یہ سوال کافی پڑھا ہے اور آسانی سے اس کا جواب نہیں دیا جا سکتا۔ صرف یہ کہہ دینا کافی نہیں ہے کہ پروپگنڈہ سپاٹ قسم کی شاعری ہے اس کیلئے شاعری کے اجزائے ترکیبی کا تجزیہ ضروری ہے جس کے لئے ان صفحات میں گنجائش نہیں ہے۔ البتہ میں چند سوالات ضرور اٹھاؤں گا اور پڑھنے والوں سے خواہش کروں گا کہ ان کا جواب تلاش کریں۔

سب سے پہلی بات تو یہ ہے کہ اگر پروپگنڈا شاعری کا جز نہیں ہے تو دوسروں کو تو چھوڑیئے انیس کی پوری شاعری اور اقبال کی آدھی شاعری "شاعری" کی تعریف میں نہیں آتی کیونکہ ایک معرکۂ کربلا کا اور دوسری عینیت، قومیت، مذہب، صوفیانہ فلسفے وغیرہ کا کھلا اور بے دریغ پروپگنڈا ہے لیکن ہم انیس اور اقبال دونوں کی شاعری کو ادب میں بڑا اونچا مقام دیتے ہیں۔ اب رہا سوال راست یا بالواسطہ اظہار کا تو انیس اور اقبال دونوں نے بلا جھجک راست اپنے خیالات کا اظہار پروپگنڈا کی حد تک اپنی شاعری میں کیا ہے لیکن پھر بھی ہم ان کے کلام کو شاعری کے عمدہ نمونے مانتے ہیں۔ اس کی کیا وجہ ہے؟ صرف یہ کہہ دینا کافی نہیں ہے کہ وہ اوّل شاعری ہے اور بعد میں پروپگنڈا۔ اگر ہم یہ مان بھی لیں کہ ان کے کلام میں وہ سب لوازم موجود ہیں جو شاعری اور صحافت میں فرق کرتے ہیں تو بھی اس کے علاوہ ایک اہم نکتہ ہے جس کو ہم شعوری یا غیر شعوری طور پر نظر انداز کر دیتے ہیں، وہ یہ کہ جہاں بات کھل کر برسر اقتدار طبقے کے خلاف کی جاتی ہے اس کو پروپگنڈا کہہ دیا جاتا ہے اور جہاں بات اس کی طرفداری میں کہی جاتی ہے یا جو بات راست اس طبقے کے خلاف نہیں پڑتی اس کو پروپگنڈا سے تعبیر نہیں کیا جاتا۔ اسی بنا پر غالب کا "سہرا" شاعری ہے پروپگنڈا نہیں۔ اسی منطق کی رو سے انیس اور اقبال کی شاعری پروپگنڈہ نہیں ہے اور جوش کی شاعری کے بیشتر حصے کو پروپگنڈا کہا جاتا ہے اور بے چارے سردار جعفری تو اس سلسلے میں بہت بدنام ہیں۔ اگرچہ کسی حد تک خود ان کا کیا بھی ان کے شامل حال رہا۔

یہ بات آج کل ہماری تنقید کا حصہ بن چکی ہے کہ شاعری کو پہلے شاعری ہونا چاہیئے اور بعد میں "کچھ اور"۔ ترقی پسند تحریک کی تنگ نظری کے دور کی شاعری پر الزام لگایا جاتا ہے کہ وہ شاعری، شاعری بعد میں اور پہلے "کچھ اور" تھی دراصل ترقی پسند تحریک کے وہ ارکان جو شاعری کو "کچھ اور" پہلے اور شاعری بعد میں سمجھتے تھے اور وہ نقاد جو یہ کہتے ہیں کہ شاعری کو پہلے شاعری ہونا چاہیئے اور بعد میں "کچھ اور" دونوں مخصوص متوسط طبقے کے انقلابی ذہن کی نشاندہی کرتے ہیں جو ایک طرف شاعری پر دوسرے شعبوں (سیاست، معاشیات، سائنس وغیرہ) سے مستعار لی ہوئی اصطلاحات کا نقاب اُڑھانا چاہتا ہے اور دوسری طرف شاعری کو "بعد میں کچھ اور" دیکھنا چاہتا ہے جس کی وجہ سے شاعری میں سپاٹ نعرہ بازی کا در آنا ضروری ہے۔ لطف تو یہ ہے کہ ان دونوں گروہوں میں سے بعض حضرات ایک دور میں مارکسی نقطۂ نظر کے حامی تھے (اور بعض تو اب بھی ہیں) اور مارکس کے نام پر مارکسی فلسفے کی نفی کرتے ہیں ——— شاعری کو "کچھ اور" کیوں ہونا چاہیئے؟ صرف شاعری کیوں نہیں رہنا چاہیئے؟ یہ بات زیادہ صاف طور پر مضحکہ خیز معلوم ہوگی اگر ہم لفظ "شاعری" نکال کر اس کی جگہ لفظ "سائنس" لگا دیں اور کہیں کہ سائنس کو پہلے سائنس اور بعد میں کچھ اور ہونا چاہیئے۔ جیسے سائنس نہ پہلے کچھ اور ہو سکتی ہے اور نہ بعد میں اسی طرح شاعری نہ پہلے کچھ اور ہو سکتی ہے اور نہ بعد میں۔ شاعری صرف شاعری ہو سکتی ہے اور ہونی ہی چاہیئے اور شاعر کا منصب اپنے اور آنے والے زمانے کے لیئے زندگی اور جذبات کی تاریخ پورے تنوع کے

ساتھ پیش کرنا ہے شاعری کو کچھ اور بنانے کا سوال شیکسپیر (Shakespeare) کی یا فردوسی کے سامنے نہیں اٹھا کیونکہ اس وقت شاعری کا زمرہ محدود نہیں تھا شیلی (Shelly) اور اقبال کے سامنے یہ مسئلہ تھا اور دونوں نے زبان و بیان کی پوری قوت کے ساتھ شاعری کو کچھ اور بنانے کی بڑی کامیاب کوشش شیکسپیر اور فردوسی کے زمانے میں شاعری اجتماعی زندگی کا اہم جزو تھی اور شاعر ایک باعزت اور مطلوب فرد تھا کیونکہ سماجی زندگی میں اجتماعی قدروں کا پلڑا بھاری تھا۔ شیلی ( ) اور اقبال اپنے اپنے ملکوں کے سماجی انقلاب کے اس دور میں شاعری کر رہے تھے جب کہ مجموعی طور پر زندگی کی مثبت قدریں بکھر رہی تھیں اور اجتماعی ضمیر برسراقتدار طبقے کی رشوت ستانی سے ٹوٹ رہا تھا اس لئے دونوں کی اپیل فرد سے تھی۔ پرومیتھیس (Prometheus) اور شاہین یا مرد مومن انفرادی ضمیر کی آواز بن کر ابھرتے ہیں۔ لیکن فرد تنہا جو انفرادی عمل سے سماج کو بدل سکتا ہے۔ صرف ایک خیالی وجود کے سوا کچھ نہیں ہو سکتا۔ شیکسپیر فردوسی یا غالب کو حالانکہ یہ مختلف ادوار میں شاعری کر رہے تھے) باشعور جانبازی (Conscious heroism) کو اپنی شاعری میں جگہ دینے کی ضرورت نہیں تھی کیونکہ وہ مجموعی طور پر فطری جانبازی (Natural heroism) کے ادوار تھے شیلی اور اقبال کی شاعری میں باشعور جانبازی کی مثالیں ملتی ہیں لیکن چونکہ مجموعی طور پر یہ حقیقت انقلابی ادوار تھے اس لئے ان دونوں کا لب و لہجہ فطری جانبازی کی غیر موجودگی

کیونکہ یہ فطری نہیں پُرتکلف (Luxuriant) تھا۔ ابھی ورڈزورتھ (Wordsworth) یا جوشؔ کا آخری دور نہیں آیا تھا اس لیے جوانی کے ولولے ادھیڑ عمر میں بھی بے محابہ ملتے ہیں۔ جوانی کا مرثیہ ورڈزورتھ اور جوشؔ کے ہاں متوسط طبقے کی انقلاب سے غدّاری کے بعد پیدا ہونا تھا سو ہوا۔ لیکن چونکہ جوشؔ کا رویہ انقلابی رومانیت پسندانہ تھا اس لیے ان کے یہاں کلبیت اور تصنع کی جھلکیاں ملتی ہیں، ان کا لب و لہجہ متوسط طبقے کے انقلابی کا ہے جس کو انقلاب کی تخریب کاری میں حسن نظر آتا ہے لیکن جیسے انقلاب کے دل ہلا دینے والے فولادی ارادے کی دیر پا ہمت، ورجدّ و جہد سے کوئی سروکار نہیں ہوتا۔ یہ انقلاب کا رومانی تصور ہے جو ترقی پسند تحریک میں مختلف فکریات (Ideologies) سے متاثر افراد کی موجودگی کی وجہ سے عام طور پر پایا جاتا تھا۔ اور شاید اب بھی ہے۔

ان دیہی رشتوں (Idyllic relations) کے ٹوٹنے کے ساتھ جن کی وجہ سے شاعر سماج کا ایک باعزت اور مطلوب فرد تھا، شاعری میں تصنع اور کلبیت کو زیادہ فروغ ہوا۔ ایسے دور میں ترقی پسند تحریک نے بول چال کی زبان کو شاعری میں استعمال کر کے تصنع کو دور کرنے کی کوشش کی۔ لیکن جب یہ رشتے بالکل ٹوٹ گئے تو زبان و بیان کا دھارا ادبی محفلوں سے ہٹ کر شہر کے بازاروں کی طرف بہہ نکلا اور شاعری کا لب و لہجہ فطری جانبازی، باشعور جانبازی یا متوسط طبقے کے انقلابی شعور (Bourgeois Revolutionary Consciousness)

کی بجائے کاروباری فہم و فراست (Business-like Common sense) سے متاثر ہونے لگا۔ اب شاعر ایک فرد تنہا ہے۔ وہ دیسی رشتے جو اس کی سرپرستی کرتے تھے اور اس کا سہارا تھے ٹوٹ چکے ہیں۔ میرؔ، غالبؔ، ذوقؔ، سوداؔ، انیسؔ دبیرؔ، داغؔ، اقبالؔ، جوشؔ، فانیؔ اور جگرؔ سبھی کو کسی نہ کسی کی سرپرستی حاصل تھی۔ آج کا شاعر ان معنوں میں بے سہارا اور تنہا ہے کہ ان رشتوں کے ٹوٹ جانے سے ایک خلا پیدا ہو گیا ہے۔ اس کے لئے نئے رشتوں کی تلاش ضروری ہے کیونکہ اب وہ رشتے پیدا نہیں ہو سکتے جو ٹوٹ چکے ہوں۔ سماج کا ڈھانچہ بدل چکا ہے۔ مخدومؔ نے نئے رشتے مزدور تحریک سے وابستہ ہو کر کسی اور رنگ میں ڈھال لئے تھے اسی لئے ان کے یہاں جہاں زندگی سے پیار اور جد و جہد سے پیدا ہونے والا عزم تھا وہیں مزدور تحریک میں پلنے جانے والے یقین و گماں، عزم اور تذبذب، سادگی اور ابہام جیسے سارے متضاد احساسات ملتے ہیں۔ ان کی "گلوئے یزداں میں نوکِ سناں بھی ٹوٹی ہے" والی پوری غزل اس بات کی دلیل ہے اور وہ سارے تنگ نظر ترقی پسند اور تنگ نظر جدیدیئے یہ غزل پڑھ کر اس بات کا اندازہ لگالیں کہ مخدومؔ نے بھرپور عزم، ہمت، خلوص اور مستقل مزاجی کے ساتھ اپنی ساری زندگی جس تحریک کے لئے تج دی تھی اسکا انہوں نے نہ صرف بہت قریب سے دیکھا تھا بلکہ اپنی زندگی کا حصہ بنا لیا تھا۔ جس کی وجہ سے انہوں نے آج کل کے حالات میں مزدور طبقے کے ملے جلے جذبات کو شاعرانہ انداز میں بیان کرتے ہوئے ذرا بھی جھجک محسوس نہیں کی اور نہ ہی ان کے ہاتھ سے شاعری کی زمام چھوٹنے پائی۔ یہ ان کی اس طبقے سے مکمل وابستگی

کا نتیجہ تھا۔ اگر انہوں نے بھی ادب سے کوئی غلاف چڑھا لیا ہوتا تو شاید ان کے لہجے میں وہ والہانہ پن نہ ہوتا جو ان کی شخصیت کا خاصّہ تھا۔ اس لیے مخدوم کی شاعری صرف شاعری تھی اور کچھ نہیں۔ لیکن ہر شخص مخدوم کی شخصیت نہیں رکھتا ہے چنانچہ اکثر حساس شعرا بٹی ہوئی فوج کے تنہا سپاہی کی طرح شہروں کے رستورانوں میں اور چوراہوں پر زندگی کی بے مقصدیت کا مرثیہ سناتے نظر آتے ہیں۔

شاعری کو صرف شاعری ہونا چاہیے اور کچھ نہیں کے یہ معنی نہیں ہیں کہ میں ادب برائے ادب کی تحریک کی حمایت کر رہا ہوں۔ ادب برائے ادب دراصل ادب سے اس کا منصب چھین لینے کی سازش ہے۔ شاعری کی مقصدیت سے کس کو انکار ہو سکتا ہے؟ یہ کہنے کے لیے مارکسزم کو ماننا ضروری نہیں ہے۔ شاعر کا خواب جب سماجی پیکر دل (الفاظ، شعری ہئیت وغیرہ) میں ڈھل کر ہمارے سامنے آتا ہے تو ہی ہم اس کو شعر کہتے ہیں اور اس کو سمجھ سکتے ہیں۔ اس کے معنی یہ ہیں کہ شاعری سماجی فعل (social function) ہے اور جب تک شاعری سماجی فعل کی صورت میں ہمارے سامنے نہیں آتی شاعری نہیں ہوتی۔ صرف ایک تخیل کی مبہم شکل میں ہمارے ذہن میں رہتی ہے۔ شاعری کا فعل سماجی ہے، اس کے اجزائے ترکیبی سماجی ہیں، اس کی تخلیق کا منبع سماجی حقیقت ہے جس میں سماج کے ارتقار کی منزل، سماج کی قسم اور ساخت، جیتے جاگتے انسانوں کی نفسیات، معاشی پس منظر سائنس کی ترقی اور مختلف طبقات کے افراد کے جذبات ان کا شعور، اور بدلتے ہوئے حالات

کے تعلق سے ان کا ردِ عمل وغیرہ سب ہی شامل ہیں، اور خود شاعر کا ذہن اور اس کا ارتقا سماج کی دین ہے۔ اس اہم حقیقت کو نظر انداز نہیں کیا جا سکتا۔ لیکن جس طرح شاعری سماجی فعل ہے اسی طرح انسان کا ہر عمل سماجی فعل ہے۔ اسی لیے ہر فعل کی ایک انفرادیت ہوتی ہے اور ہونی چاہیے، حالانکہ ہر فعل پر دوسرے افعال کا اثر ضرور ہوتا ہے۔

اسی طرح ہر فاعل اپنی ایک انفرادیت رکھتا ہے، اسی نے ہر شاعر کا اندازِ بیان اس کے اندازِ فکر کے لحاظ سے دوسرے شاعروں سے جدا ہوتا ہے اور یہ اندازِ فکر سماجی حقیقت اور شاعر کی زندگی کے ردِ عمل کا نتیجہ ہوتا ہے اس لحاظ سے شاعری کو صرف شاعری ہونا چاہیے "اور کچھ اور" نہیں۔ لیکن شاعر کو صرف شاعر نہیں ہونا چاہیے۔ اس کو بیک وقت مفکر، سیاس، ماہر نفسیات کے علاوہ اور بہت کچھ ہونا چاہیے۔ اور یہ سب مل کر ایک پوری غیر منقسم شخصیت بننی چاہیے۔ تب ہی اس کی شاعری میں جان پیدا ہوگی۔ گو شاعری میں دوسری ساری باتیں ضمنی اور انسانوں کے ـــــــ حقیقی، جیتے جاگتے، گوشت اور پوست کے بنے ہوئے مختلف طبقات سے تعلق رکھنے والے انسانوں کے ـــــ جذبات کا پوری صداقت کے ساتھ اظہار اصل جزوِ شاعری ہونا چاہیے۔ لیکن جب سماج کے انسانی رشتوں میں جذبات کا فقدان ہوتا ہے اور شاعر اور سماج کے رشتے ٹوٹتے ہیں اور اس کے پیروں کے نیچے سے زمین

گھٹنے لگتی ہے تو وہ ان حالات کے خلاف بغاوت کرتا ہے اور حالات کا نقاد بن کر یا مفکر بن کر اپنی شاعری کے ذریعے تبلیغ کرتا نظر آتا ہے حالی اقبال؛ در جوش سے لیکر اکثر ترقی پسندوں نے بھی اور ان کے مخالفین اور معترضین نے بھی یہی کیا اور بعض تو اب بھی کر رہے ہیں۔

یہاں چونکہ ترقی پسندوں کا ذکر آ ہی چکا ہے اور میں بھی مخدوم کی طرح ایک "جدید ترقی پسند" شاعر ہوں تو ان شاعروں کا (بغیر نام گنوائے ہوئے) ذکر کرنا بھی ضروری سمجھتا ہوں جو ایک زمانے میں بڑے زور و شور سے ترقی پسند تھے بلکہ ان میں سے بعض تو کمیونسٹ پارٹی کے رکن بھی تھے لیکن بعد کو اتنے ہی زور و شور سے اس تحریک کے مخالف ہو گئے۔ ان میں بعض ایسے بھی بھی تھے جو فیلو ٹراولر Fellow Traveller کہلاتے تھے اور پارٹی کی پابندیوں سے آزاد تھے۔ ان متوسط طبقے کے انقلابیوں نے (چند کو چھوڑ کر) مارکسزم کو نہ اچھی طرح پڑھا تھا نہ سمجھا تھا اس لئے جو کام سب سے آسان تھا وہ انہوں نے کیا۔ اور وہ تھا مارکس کے چند اہم اقتباسات کا میکانکی (Mechanical) اطلاق اور اس طرح انہوں نے مارکسی جدلیات کی نفی کی۔ (یہاں یہ کہنا ضروری ہے کہ کمیونسٹ پارٹی میں ایسے حضرات کی پہلے بھی کوئی کمی نہیں تھی اور آج بھی نہیں ہے) نتیجہ وہی نکلا جو ایسے حالات کا لازمی نتیجہ ہوتا ہے ——— مراجعت ——— اور یہ کوئی نئی بات نہیں ہے۔ یورپ اور انگلستان میں انہی حالات میں ایسا ہی واقعہ ہو چکا ہے جب اوڈن (Auden) ڈے لوئس (Day Lewis)

اسٹیون اسپنڈر (Stephen Spender) آندرے ژید (Andre Gide) لوئی فشر (Louis Fischer) آرتھر کیسلر (Arthur Koestler) وغیرہ نے مراجعت کی تھی۔ ان کے خلوص سے کسی کو انکار نہیں ہو سکتا لیکن ان کے خلوص کا المیہ یہ ہے کہ وہ متوسط طبقے کی عینیت کے دائرے سے باہر نہ نکل سکے جس کے معنی یہ ہیں کہ ادب کو ادب کے علاوہ کچھ اور بنانے کی کوشش کرتے رہے۔ جس کی وجہ سے ان کی تخلیقات میں سپاٹ نعرہ بازی اور بے بصیرت پیش قیاسی بہت نمایاں تھی۔ اس کے ساتھ ساتھ ہم کو ان کے ذریعہ یہ بھی معلوم ہوتا ہے کہ وہ پوری تحریک کس طرح ایک طرف عینیت کا شکار تھی اور دوسری طرف تنگ نظری کا اور ان دونوں خامیوں سے خود کمیونسٹ پارٹیاں بھی نہ بچ سکیں، اور ان دونوں خامیوں کا منبع ایک ہی تھا: متوسط طبقے کا ذہنی انتشار جس کی وجہ سے مارکسزم کا میکانیکی اطلاق حقیقت کو مسخ کرنے اور اس کے پورے تنوع کو نہ سمجھنے کا اور پوری تحریک کے ٹوٹنے اور بکھرنے کا باعث بنا۔ یہ الزام طرازی نہیں حقیقت شناسی ہے اور ہم کو یہ نہیں بھولنا چاہیئے کہ انفرادی شعور کی طرح اجتماعی شعور بھی آہستہ آہستہ پختگی کی منزلوں تک طویل اور مسلسل عملی جدوجہد کے راستوں سے ہو کر پہنچتا ہے، یکایک ذہنی خلاء میں پیدا نہیں ہوتا۔ اسی طرح فن بھی انہی راستوں سے ہو کر پختگی کی منزل تک پہنچتا ہے۔ ایسے انقلابی دور میں جبکہ کسی ایک طبقے کی آزادی کی تحریک ملک گیر اہمیت کی حامل ہوتی ہے اور دوسرے

طبقوں کو بھی اپنی تحریک سے وابستہ کر لیتی ہے تو باشعور شاعر کا کینوس (مصممممس) وسیع ہو جاتا ہے اور اس کی آواز اکثریت کے دلوں کی آواز معلوم ہوتی ہے۔ الفاظ کی جذباتی قدریں زیادہ عمیق، وسیع اور بامعنی ہو جاتی ہیں اور ایسے الفاظ زیادہ استعمال کئے جانے لگتے ہیں جو پچھلے دور میں اپنی اہمیت کھو چکے تھے یا شاعری کی زبان سے خارج ہو گئے تھے یا ابھی داخل نہیں ہوئے تھے، جیسا کہ ہمارے ملک کی تحریکِ آزادی کے زمانے میں ہوا۔ اور جب یہ تحریک سکڑتی ہے، اپنی وسعت کھو بیٹھتی ہے، اس کی رفتار سست ہو جاتی ہے اور ایک ہی طبقے تک محدود ہو جاتی ہے، تو شاعر اپنی طبقاتی وابستگی کی بنا پر الفاظ کی قدروں میں معنی یا معنی کی کمی محسوس کرنے لگتا ہے۔

انقلابی دور میں شاعر کو تین راستے نظر آتے ہیں: ایک انقلابی تحریک سے مخالفت کا جو عام طور پر باشعور اور حساس شاعر رد کر دیتا ہے۔ دوسرا اس تحریک سے اتحاد کا اور تیسرا اس تحریک سے مکمل وابستگی یا اس میں پوری طرح رچنے بسنے کا ہماری ترقی پسند تحریک میں ایسے شعرا بھی تھے جنہوں نے اتحاد کا راستہ اختیار کیا اور ایسے بھی تھے جو مزدور طبقے کی جد و جہد میں شریک ہو کر کمیونسٹ پارٹی کے رکن بھی ہوئے اور جیل بھی گئے۔ لیکن اس کے باوجود وہ اتحاد کی منزل سے گزر کر مکمل وابستگی کی منزل تک نہ پہنچ سکے کیونکہ وہ متوسط طبقے کے ذہنی انتشار کو پوری طرح چھوڑ نہ سکے وہ اپنے فن اور

اس تحریک کو دو الگ خانوں میں بانٹ کر مطمئن تھے۔ ایسے شعرا عام طور پہ مخصوص متوسط طبقے کا "فن کی آزادی" کا نعرہ بار بار بلند کرتے ہیں۔ ان کی مارکسی فکریات (Marxist Ideology) ان کے فن پر، جیسے میں نے اوپر کہا ہے، سپاٹ نعرہ بازی اور بے بصیرت پیش قیاسی کی شکل میں در آتی ہے اور ان کا فن ان کی مارکسی فکریات میں رومانی انقلابیت کی صورت میں داخل ہوتا ہے۔ ان کا فن منطقی ہوتا ہے فنکارانہ نہیں، عالمانہ ہوتا ہے، جذباتی نہیں۔ اس طرح ان کا فن اور ان کی فکریات دونوں بگڑی ہوئی صورت میں ہمارے سامنے آتے ہیں۔ وجہ یہ ہے کہ یہ لوگ زندگی کے ہر دوسرے شعبے میں اس طبقے کے نقطۂ نظر کو اپناتے ہیں سوائے اپنے فن کے شعبے کے۔ یہ عام آدمی کے لئے اہم نہیں ہے لیکن ایک فنکار کے لئے اس کی بڑی اہمیت ہے کیونکہ فن ہی اس کی زندگی کا اہم ترین شعبہ ہے اور اسی کو وہ اپنی زندگی کے اس دھارے سے الگ رکھنا چاہتا ہے جس میں وہ اپنی زندگی کو لا چکا ہے۔ اس کی وجہ سے اس کی زندگی اور اس کا فن دو الگ خانوں میں بٹ جاتے ہیں اور بالآخر یہ تقسیم زندگی اور فن دونوں کے لئے تکلیف دہ اور مہلک ثابت ہوتی ہے اور مراجعت کی شکل اختیار کرتی ہے۔ لینن نے "پارٹی کی تنظیم اور پارٹی کا ادب" (Party organization and party literature) میں جہاں پارٹی کے فن اور ادب کو پارٹی کے پورے مشین کے کل پرزوں سے تعبیر کیا وہیں اس کی وضاحت بھی کی اور کہا کہ ادب اور فن کی یہ تعریف دراصل

اس لیے درست نہیں کہ مشین کے کل پرزوں اور ادب میں فرق یہ ہے کہ ادب زندہ حقیقت ہے۔ اور آگے یہ بھی کہا کہ اس میں کوئی شک نہیں کہ ادب میکانیکی فارمولے کا تابع نہیں بہہ سکتا اور ادب میں انفرادیت کو زیادہ سے زیادہ موقع ملنا چاہیے۔ لیکن اس کے معنی یہ بھی ہیں کہ پرولتاری پارٹی کے منشا کے ادبی رخ کو دوسرے رخوں سے میکانیکی طور پر جوڑا نہیں جا سکتا۔ اس دعائے ہست اسی میں ہے کہ شاعری کو صرف شاعری رہنا چاہیے اور شاعری کی حیثیت سے پرولتاری مقصد کا جزو لاینفک بننا چلا جائے۔ "کچھ اور" کی حیثیت سے نہیں اور یہ تب ہی ہو سکتا ہے جب کہ شاعر اس طبقے سے مکمل طور پر وابستہ ہو جائے۔ صرف اتحاد یا ہمدردی کی رکنیت کافی نہیں ہے اس طرح اس کا فن اس کی زندگی کا روح بن کر پڑھنے والوں تک پہنچے گا۔ یہاں یہ کہنا ضروری ہے کہ مکمل وابستگی کے یہ معنی نہیں ہیں کہ اس طبقے پر تنقید ہی نہ کی جائے۔ تنقید کے بغیر ارتقا کا تصور ہی نہیں کیا جا سکتا۔ اور پھر تنقید مارکسی جدلیات کا اہم جزو ہے۔

میرے کلام کا دوسرا مجموعہ "صدائے تیشہ" آپ کے ہاتھوں میں ہے۔ تنقید آپ کا حق بھی ہے فرض بھی ہے اور آپ کی ذمہ داری بھی ہے۔ جن حالات میں مارکس نے مارکسی مذہب سے (اگرچہ) مرنے سے انکار کیا تھا اپنی حالات میں میں بھی ترقی پسند یا جدید ہونے سے انکار کرتا ہوں حالانکہ میں بیک وقت ترقی پسند بھی ہوں اور جدید بھی۔ اور میری التماس ہے کہ آپ ان بندھی بندھائی اصطلاحات یا مقدمہ جات سے ہٹ کر میرے کلام کا مطالعہ کریں اور اس کے تعلق سے اپنی رائے قائم کریں۔

راشد آذر

وقت کے سارے کھیل نرالے

میں ہوں، رات کا سنّاٹا ہے

پورے چاند کی ٹھنڈی کرنیں
ساحل، ریت، سمندر، موجیں
میں سب کو تکتا بیٹھا ہوں

موجیں — جیسے زلفیں کھولے
نیند میں تم کروٹ لیتی ہو
گیلی ہے ساحل کی مٹّی

جیسے میرا ذہن ہے جس پر
جو گزرے نقش اپنا چھوڑے

دو تازہ قدموں کے نشاں ہیں
شائد تم گزری ہو یہاں سے
پیروں کی چاندی گھل گھل کر
مدھم ریت پہ پھیل گئی ہے
نشتر ہوں یا نقشِ قدم ہوں
کام ہے ان کا گھاؤ لگانا

میں بیٹھا یہ سوچ رہا ہوں
آٹے دال کے بھاؤ میں پھنس کر
عشق بھی کرنا بھول گیا ہوں
زخم ہے تازہ، درد فزوں تر

اور مجھے احساس نہیں ہے

تم کو جو اُمّید تھی مجھ سے
اب اس کو تم بھول بھی جاؤ
اور ملو تو ایسے ملنا
جیسے دو انجانے راہی
تاریکی میں، دور راہے پر
آپس میں ٹکرا جاتے ہیں

وقت کے سارے کھیل نرالے
عشق کے سارے خواب ادھورے
حسن کی آنکھیں ویراں ویراں
بے آواز ہے دل کی دھڑکن
نقشِ کفِ پا، چاند، سمندر
میں سب کو تکتا بیٹھا ہوں

یادیں، تتلیاں اور تم

جُوڑے میں گجرے کی خوشبو
آنکھوں میں کاجل کے ڈورے
اس اُمّید میں تم بیٹھی ہو
میں آؤں تو دن بھر کے دکھ
دونوں آپس میں بانٹیں گے

تم کو مجھ سے یہ شکوہ ہے
چھپی ہوئی، کاجل کے پیچھے
روئی ہوئی آنکھوں کی سُرخی

کل جو دیکھ لیا کرتی تھیں
اندھی ہو گئیں آج وہ آنکھیں
میں بھی ایک طوائف بن کر
لاج ہنر کی بیچ رہا ہوں

یادوں کے گھونگھٹ کے پیچھے
چھپے ہوئے تھے جتنے چہرے
آنکھوں کی خاموش زباں سے
چپکے چپکے بلا رہے ہیں
تمہیں گماں ہے شاید میں پھر
ان کی جانب لوٹ رہا ہوں

یا پھر تم یہ سوچ رہی ہو
نئے نئے چہروں کے پیچھے

میں بھی ایسے دوڑ رہا ہوں
جیسے ہر تتلی کو پکڑنے
بچہ پل دو پل کو دوڑے

تم میرے بچے کی ماں ہو
سارے شکوے سر آنکھوں پر
لیکن میں یادوں کے پیچھے
یا تتلی کے رنگ چرانے
پاگل بن کر دوڑ رہا ہوں
مجھ کو یہ الزام نہ دینا

افسانۂ بے عنواں

یہ ہے اک ایسا افسانہ
جس کا کوئی عنوان نہیں ہے

کل تک میں یہ سوچ رہا تھا
اب تم کو میں بھول چکا ہوں
اور کسی کے پیار میں کھو کر
ان زلفوں کا ذکر ہی کیا ہے
ان قدموں کو بھول چکا ہوں
جن کو اشکوں سے دھویا تھا

ان آنکھوں کی گہری جھیلیں
ہونٹوں کے جلتے انگارے
ابرو کی وہ کھنچی کمانیں
وہ خمِ گردن، وہ شرمانا
وہ بجتی آواز میں گانا
وہ ہلکا ہلکا سا تبسّم
قہقہہ، جیسے قلقلِ مینا
چال، کہ مشکل کر دے جینا
جیسے جھونکا بادِ صبا کا
جیسے ناؤ چلے لہروں پہ
کل تک میں یہ سوچ رہا تھا
اب میں سب کچھ بھول چکا ہوں

مجھ سے چھوٹ کے تم بھی بالکل
کھوئی کھوئی بجھی بجھی سی
بارِ غمِ ایّام اٹھائے

سوگ میں ڈوبی تنہا تنہا
انجانی راہوں سے گزر کر
کل اک موڑ پہ مجھ سے اچانک
یوں ٹکرائیں جیسے شیشہ
یوں شرمائیں جیسے کوئی
اپنی ہار سے شرماتا ہے

یہ محسوس کیا کل میں نے
اب تک مجھ کو یاد ہے سب کچھ
دیکھ کے میری خانہ خرابی
تم ہنستی تھیں چپکے چپکے
لیکن کل ہنستی آنکھوں میں
میں نے لرزتے آنسو دیکھے
جیسے تم مجھ سے کہتی ہو
"ہار مری ہے جیت تمہاری"

اب میں ہار کے جیت چکا ہوں

عورت

میرا بچپن تو تنہائیوں میں کٹا
میں نے اپنی جوانی بھی برباد کی

میرے دامن پہ دھبے ہیں تقدیس کے
ایک دنیا تصوّر میں آباد کی
اور عورت کو دیوی سمجھتا رہا
اور سہوًا اگر ہاتھ چھو بھی گیا
میں نے سمجھا کہ مجھ سے خطا ہو گئی

میری معصومیت آج جب کھو گئی

میں نے جانا کہ وہ بھول میں نے نہیں
تم نے کی تھی کہ مجھ سے قریب آ سکو
میں اک عورت کو دیوی سمجھتا رہا
میں نے انساں کو پتھر تصور کیا

آج جب مجھ کو عورت کی ہے آرزو
آج عورت نہیں ایک دیوی ہو تم
آج انساں نہیں ایک پتھر ہو تم

میں کروں بھی محبت تو کس سے کروں
آج کس جسم کو چھو کے اپنا کہوں

اندیشہ

روپہلے پتّوں سے چھنتی ہیں چاند کی کرنیں
تمہارا جسم مری آگ میں پگھلتا ہے
تمہاری بانہوں میں گرمی ہے، میرے خون میں آگ
ہمارے وعدوں میں اخلاص ہے، صداقت ہے
حیات آج ہمارے جنوں پہ نازاں ہے

بدلتے وقت کی رفتار تیز تر ہے آج
جو بات آج ہے وہ بات کل نہیں ہوگی
مجھے یہ خوف ہے ایسی نہ رات آئے کہیں

کہ چاندنی ہمیں اکسائے پیار کرنے پر
مگر ہمارے خیالوں پہ اوس پڑ جائے
تمہاری باہوں میں ٹھنڈک ہو آبشاروں کی
مری رگوں میں لہو برف بن کے جم جائے
ملے تو ڈھانچے سے ڈھانچہ ملے مگر روحیں
غمِ حیات و غمِ روزگار میں ڈوبی
بھٹکتی پھرتی ہوں در در کی ٹھوکریں کھاتی

ہمارے پیار کی وہ رات آخری ہو گی

خلا کا مسافر

میں خلاؤں میں آنے کو تیار ہوں
پہلے اک بار اپنی زمیں چوم لوں
اپنے ہاتھوں میں مٹی اٹھالوں ذرا
اور سینے سے اس کو لگا کر کہوں
میرے بچپن کا گہوارہ ہے یہ زمیں
میری یادوں کے عنواں اسی خاک میں
دفن ہیں ــــــ میں اسی خاک کا جزو ہوں
بھیگی مٹی کی سوندھی سی خوشبو سے میں
ذہن و دل کو معطر تو کرلوں ذرا

پھر کہوں گا کہ اب تم بلاؤ مجھے
میں خلاؤں میں آنے کو تیار ہوں

میں خلاؤں میں آنے کو تیار ہوں
لیکن اک زندگی پیچھے چھوڑے ہوئے
اجنبی زندگی کی طرف آؤں گا
زندگی اس جگہ خوب تر ہی سہی
سوچتا ہوں کہ اس میں وہ گرمی کہاں
وہ رفاقت کہاں، وہ محبت کہاں
جو غمِ مشترک نے عطا کی ہمیں
اپنی ماؤں کے چہروں کو ترسوں گا میں
جن پہ محنت کے گہرے نشاں ثبت ہیں
میری مائیں جو سب سختیاں جھیل کر
آج اوروں کا تن ڈھانکنے کے لئے

ننھے ننھے سے عیسیٰ لئے گود میں
بکھری بکھری سی زلفیں دریدہ قبا
اپنے جینے کا حق مانگتی ہیں مگر
آج مریم کو دکھ اور عیسیٰ کو دار
اور اس کے سوا کچھ نہیں مل سکا

میں خلاؤں میں آنے کو تیار ہوں
لیکن اے میزبانو یہ کہہ دو ذرا
کیا تمہارے بھی عیسیٰ برہنہ رہے
کیا تمہاری بھی مریم سرِ رہگزر
اپنے بیٹے کا بہتا لہو پونچھ کر
صفحے تاریخ کے سرخ کرتی رہی
اور ہر دور میں زندگی کے لئے
اپنے بیٹے کو مرنا سکھاتی رہی

کیا مجھے میری مائیں ملیں گی وہاں
میرے زخموں کی کلیاں کھلیں گی وہاں
کیا تمہاری بھی تاریخ میں خون ہے
زخم، آنسو، تمہارا بھی قانون ہے
اور اگر ہے تو میں آج کہہ دوں تمہیں
میں خلاؤں میں آنے کو تیار ہوں

زخم اوروں کے سینا مرا کام ہے
جانتا ہوں میں کیا میرا انجام ہے

ایک لمحہ ایک عمر

کیسے کہوں کہ آج بھی اس جسم کی مہک
بستر میں ہے بسی ہوئی کچھ اس طرح کہ تم
زلفیں سنوارنے کو اٹھی ہو ابھی ابھی
چادر کی سلوٹیں ہیں اسی بات کی گواہ

آؤ تمہارے گجرے کی کلیاں بکھیر دوں
شبنم تمہارے ہونٹوں سے پی لوں دبے دبے
اک لمحہ ایک عمر ہو، اک عمر اک صدی

پیاس

مجھ سے تم کو یہ شکوہ ہے
کچھ دن سے میں شام سویرے
اُکھڑا اُکھڑا سا رہتا ہوں
کچھ دن سے تم سوچ رہی ہو
وہ جو کبھی لفظوں کی لڑیاں
پرو پرو کر رات کا دامن
رس کے ہاروں سے بھرتا تھا
وہ جو کبھی دنیا کے مسائل
درد کے آنسو، زخم کی آنکھیں

پیار کے رشتے، زہر سی نفرت
ہر موضوع پہ گھنٹوں بیٹھا
بس باتیں کرتا رہتا تھا
آج وہی گاؤں کا بوڑھا
گُم اسرار کنواں ہے جس میں
بات کرو تو لوٹ کے آئے

آج اکیلی تم ہی نہیں ہو
سب کو گلہ ہے شام سویرے
میں کھویا کھویا رہتا ہوں
جانے پہچانے چہروں کی
بھیڑ لگی ہے اور میں ان کو
آئینہ بن کر تکتا ہوں
وہ ہنستے ہیں تو ہنستا ہوں

اور کوئی احساس نہیں ہے
بھیڑ میں اپنے آپ کو کھو کر
خود کو بھی پہچان نہ پایا

کس نے کہا بیزار ہوں تم سے
مجھ کو تم سے پیار ہے لیکن
پل دو پل تو چھوڑو مجھ کو
اپنے آپ سے مل لینے دو

رات کے سائے

میزوں کے شیشوں پر بکھرے خالی جام کے گیلے حلقے
سگریٹوں کے دھوئیں کے چھلّے دیواروں پر ٹوٹ چکے ہیں
سارا کمرہ دھواں دھواں ہے، ساری فضا ہے مہکی مہکی
دو اک دھندلے دھندلے سر ہیں جھکے ہوئے ہاتھوں کے اوپر
رات کا نشہ ٹوٹ رہا ہے

جب آئے تھے اس محفل میں، نئے پرانے سب ساتھی تھے
کون کسے پہچانے گا جب ایک اک کر کے اٹھ جائیں گے
یہ محفل ہے رات کے دم تک، دن نکلے تو آنکھ کھلے گی
سب اپنے اپنے دامن پر لگے ہوئے دھبے دھولیں گے
اپنی اپنی نادانی پر یا ہنس لیں گے یا رو لیں گے

کانچ نگر کے باسی جاگو

—— ویت نام کے مجاہدین کا پیام ——

امریکہ کے حُکّام کے نام

زخموں کی تعداد نہ پوچھو
کچھ سینوں پر کچھ ذہنوں میں
کچھ اُتھّل کچھ گہرے گہرے
سارا جسم ہے چھلنی چھلنی
تم بیداد سے باز نہ آؤ
لیکن تم کو یاد رہے شاید
خون کا بدلہ خون رہا ہے

درد ہمارا پھیل چکا ہے

قفلوں کی تعداد نہ پوچھو
کچھ افکار پہ کچھ آنکھوں پر
کچھ چھوٹے کچھ بڑے بڑے سے
ساری بستی اک زنداں ہے
تم بیداد سے باز نہ آؤ
لیکن تم کو یہ بھی خبر ہے
زنداں توڑے بھی جاتے ہیں
چیخ ہماری گونج اٹھی ہے

کانچ نگر میں رہنے والو
آج کرو بیداد مگر تم
کل کتنے زخموں پہ ہنسوگے

آج تمہارے قفل ہیں سالم
لیکن کل ـــــ کل کی مت پوچھو
قیدی جب زنداں توڑیں گے
سارا کانچ نگر ڈھا دیں گے
زخموں نے آنکھیں کھولی ہیں

رکشا

میں رکشا میں بیٹھا کب سے
بستی بستی گھوم رہا ہوں
سب کہتے ہیں میں جامد ہوں
میں کہتا ہوں سب جھوٹے ہیں
میں اک ایسا ذرہ ہوں جو
جامد بھی ہے حرکت میں بھی

سب کہتے ہیں میں ماضی کے
ٹوٹے بت پھر جوڑ رہا ہوں

سب کہتے ہیں میں ماضی کی
اُن قدروں کو چوم رہا ہوں
وقت کی اُڑتی دھول نے جن کو
لاکھوں تہوں میں دفن کیا ہے
میں کہتا ہوں سب جھوٹے ہیں
میں اک ایسا ذرّہ ہوں جو
لمحہ لمحہ حرکت میں ہے
اُن قدروں سے کیا لینا ہے
ماضی کے اندھے غاروں میں
جن کو میں خود پھینک آیا ہوں
جب ذرّے آگے بڑھتے ہیں
پیچھے وقت کی دھول اڑتی ہے

سب کہتے ہیں میں اندھا ہوں

خود بیٹھا سگریٹ جلائے
اپنی ذہنی عیاشی میں
ڈوب گیا ہوں، بھول چکا ہوں
روٹی کے ٹکڑے کی خاطر
پیچھے کے اُس موڑ پہ بیٹھا
کوئی بچّہ بلک رہا ہے
میں کہتا ہوں سب جھوٹے ہیں
میری آنکھیں دیکھ رہی ہیں
بس اسٹینڈ پہ لوگ کھڑے ہیں
کتنا کالا بس کا دھواں ہے
کتنی آنکھیں ہتیلیوں میں
بند ہیں پر اندھی تو نہیں ہے

گزر رہا ہوں جس رستے سے

سارے منظر دیکھ رہا ہوں
بجلی کے کھمبے ، دیواریں
پیڑ ، دوکانیں، سیٹھ سبھی کو
کب کا پیچھے چھوڑ چکا ہوں
کچھ قدریں میں توڑ چکا ہوں
کچھ قدریں میں ڈھونڈ رہا ہوں
جامد کیا، حرکت میں کیا ہے
میں کیا جانوں، لیکن پھر بھی
اتنا تو میں کہہ سکتا ہوں
چلتی رکشا میں بیٹھا ہوں

درد کی منزلیں

ہم نے کاٹے تو ہیں خوف کے فاصلے
ہم نے پائی تو ہیں درد کی منزلیں

ہم نے زخموں کی آنکھوں سے دیکھے تو ہیں
اے وطن تیری راہوں کے سب پیچ و خم
تیری گلیوں کے مٹتے ہوئے زاویئے
تیری صبحوں کی چھپتی ہوئی روشنی
تیرے شہروں کے چلتے ہوئے راستے

تیری سڑکوں پہ ہم رات دن دربدر

کرب ذہنوں کا اپنے دلوں میں لیے
اپنے پیروں کے چھالوں پہ چلتے رہے
ہم نے سوچا تھا وہ حسن مل جائے گا
جس کے خوابوں نے جینا سکھایا ہمیں

شب کے بوجھل اندھیرے میں سوئی ہوئی
ہم کو فٹ پاتھ پر زندہ لاشیں ملیں
دن کے جلتے اجالے میں چلتے ہوئے
ہم کو ہر راہ میں جیتے ڈھانچے ملے
ہم نے جانا کہ اس حسن کی منزلیں
درد کی منزلوں سے بہت دُور ہیں

اس مسافت میں سب کچھ لٹا کر ہمیں
ایک عزمِ سفر ہی غنیمت ملا
ہم نے کاٹے تو ہیں خوف کے فاصلے
ہم نے پائی تو ہیں درد کی منزلیں

آخرِ شب

یہ رات بہت تاریک سہی
اس رات کا مستقبل کیا ہے؟
اک ٹوٹتا نشۂ آخرِ شب؟
بوجھل پلکیں، بے نور نظر؟
یا صبح کی مست انگڑائی سے
کھلتے ہوئے لاکھوں تازہ بدن؟
مسکائی ہوئی آنکھوں کی چمک؟
ہنستے ہوئے ہونٹوں کی مستی؟

بڑھتے ہوئے قدموں کی ہمت ؟

ہر شب کی سحر ہوتی ہے مگر
اس شب کی سحر بانکی ہو گی
یہ زخم ذرا رِس لینے دو
یہ درد ذرا بڑھ جانے دو
یہ زخم خریدے جائیں گے
اس درد کی قیمت بھی ہو گی

جب چھالے پھوٹ کے سوکھ چلیں
جب دل میں کسک دھیمی دھیمی
انگڑائی لے کر جاگ اٹھے
ٹوٹی دیوار کے ملبے جب
بستر، تکیے، سب چھین چکیں
تب کر زمیں آنکھیں کھولیں گی
ہم کروٹ لے کر جاگیں گے

آئینہ خانہ

آئینہ خانے میں دنیا کے
کتنے روپ ہیں خود میرے بھی
کوئی الٹا، کوئی سیدھا
کوئی دھندلا، کوئی اُجاگر

کبھی تو میں اک فاقہ کش ہوں
اور کبھی تو بھری ہے جھولی
کبھی تو اوروں کا بخیہ گر
کبھی گریباں چاک ہے میرا

کبھی تو سودے کئے ہنر کے
کبھی تو کوئی دام نہ بھایا
کبھی تو جیت ہوئی ہے ایسی
جیسے قدموں میں دنیا ہو
لیکن سب کچھ چھوڑ کے اٹھا
کبھی تو مات ہوئی ہے لیکن
کسی کے آگے ہاتھ نہ پھیلا

آئینہ خانے میں دنیا کے
میرے لاکھوں روپ ہیں لیکن
میری کونسی شکل ہے اپنی
میرا کونسا روپ ہے سچا

غزل

اکثر ملے ہیں منزلِ ہستی کے آس پاس
آوارہ گرد و با خبر و زندگی شناس

گھبرائے زندگی سے تو پایا تجھے قریب
اس ایک بات پر ہے ترے پیار کی اساس

تیرے بغیر زیست ہے دیوانگی مگر
اس درد کا لحاظ ہے اس زندگی کا پاس

تم نے تو یہ کہا تھا کہ اب اجنبی ہوں میں
محفل میں نام آتے ہی کیوں ہو گئے اُداس

جب تم نہ تھے تو پیتا تھا غم بھولنے کو میں
تم آ گئے تو بڑھ گئی کیوں اور میری پیاس

آذرؔ تمہارے نقش ہیں عکسِ حیاتِ نو
جو ہم کو دے رہے ہیں نئی زندگی کی آس

جنگ

جب بھی کسی کی چوڑی ٹوٹی
اور مجھے آواز نہ آئی
میں نے اکثر یہ دیکھا ہے
کہیں یقیناً توپیں گرجیں
ڈوب گئی چوڑی کی چھنا چھن
فضا دھماکوں سے گونج اٹھی
لاشوں کے انبار لگے ہیں

ایسے وقت کسی کونے میں

بچوں کو سینے سے لگا کر
کوئی ماں جب یہ کہتی ہے
اب سو جاؤ کل تم کو بھی
اس ایندھن میں جل جانا ہے
چاہے سہاگن ہو کہ نہیں ہو
مانگ اُجڑتی ہے، آنکھوں سے
کاجل بھیگ کے بہہ جاتا ہے
عورت بیوہ ہو جاتی ہے

اک قدم اور

(مخدوم کے نام [1])

اک قدم اور بڑھایا سوئے منزل میں نے

اور پھر میں نے یہ دیکھا کہ ستارے ٹوٹے
ایک لمحے کو سیاہی کا جگر چیر گئے

رات بھر رات سے کتنے ہی ستارے ٹوٹیں

---

[1] یہ نظم مخدوم کی زندگی میں لکھی گئی تھی اور ان کے نام منسوب کی گئی تھی۔ مخدوم کی ان کوششوں اور اس جد وجہد کے نام جو آج تک پوری طرح کامیاب نہ ہو سکی۔

رات کا کام اندھیرے کو جنم دینا ہے
آفتاب اُبھرے تو ظلمت کا بھرم ٹوٹے گا

صبح کے چہرے پہ شبنم کی تری ہو کہ نہ ہو
مسکراتی ہوئی آنکھوں میں چمک تو ہوگی
ہر چٹکتے ہوئے غنچے میں مہک تو ہوگی
میرا بچہ تو نہ بھٹکے گا اندھیرے میں کبھی
میں اُفق چھونے کو اِس آس میں جیتا ہوں ابھی

نئی نسل

تمام رات یہی سوچتا رہا ہوں میں
پیمبروں سے یہ تشکیک کے کہوں اک بار
کہ نسلِ نو کے خیالوں کو منتشر کر کے
تم آنے والے زمانے کے حق میں ہو غدّار
کہ نسلِ تازہ میں تشکیک و انتشار نہ تھا
تمہارے ذہن سے پیدا ہوئے تھے وہ افکار
جو سارے دَور کے چہرے پہ تم نے ثبت کئے
تم اپنے خواب سے اب تک نہیں ہوئے بیدار

حسین دَور کے تم نے جو بت تراشے تھے
تمہارے ذہن کے تجربے کی تھے وہ پیداوار
حقیقتوں سے کیا ان کو تم نے جب صیقل
تو تاب لا نہ سکے اور ہو گئے مسمار
تمہاری فکر تھی پابستۂ رسومِ کہن
تمہارے ذہن پہ چھائی تھیں مذہبی اقدار
تمہارے سامنے اک جنّتِ تصوّر تھی
اور اب شکستہ تمناؤں کا ہے اک انبار
تمہارے سامنے انساں کا اک تصور تھا
اور اب ہے صرف تصور کا بے چراغ مزار
جہانِ تازہ بنانے کا ولولہ نہ رہا
دبی زباں سے بڑھاپے کا کر چکے اقرار
مگر وہ نسلِ جواں جو ہے خالقِ فردا
تمہاری طرح نہیں ہے وہ زیست سے بیزار

وہ نسل آج بھی ہنسنے کے فن سے واقف ہے
اگرچہ وہ بھی تمہاری طرح ہے غم کا شکار
اسے حیات ہے کل سے زیادہ آج عزیز
اگرچہ "آج" ہے "کل" سے زیادہ مرگ آثار

ستارے ٹوٹ گئے آفتاب اُبھر نہ سکا
مگر جوان نظر میں ہے روشنی کا دیار

ایک سفر

میں ہوں اک انجان مسافر
برسوں اس دنیا میں گھوما
شہروں کی گلیوں ، گاؤں کے
میدانوں میں گھوم کے دیکھا
پیروں کے جب چھالے پھوٹے
تب مجھ پر یہ بھید کھلا ہے
یہ دنیا بھی اک میلا ہے
گڑیوں کی ہے ایک نمائش

لاکھوں چہرے سامنے آئے

ہر چہرے کو جانچا، پرکھا
آنکھ سے آنکھ ملا کر دیکھا
آنکھیں زخموں کی جھیلیں ہیں
اُوپر اوپر ایک فسوں ہے
بھیتر بھیتر دل کا خوں ہے
چہروں پر مسکان ہے، لیکن
جلد کی پہلی تہہ کے نیچے
صدیوں کے غم چھپے ہوئے ہیں

پیروں کے جب چھالے پھُوٹے
تب مجھ پر یہ بھید کھُلا ہے
اُوپر کی جب جلد مسک کر
تہہ در تہہ غم بول اُٹھیں گے
تب یہ دنیا انسانوں کی
جیتی جاگتی بستی ہو گی

بازار میں موت بِک رہی ہے

اربابِ حکومت، آؤ، دیکھو
بازار میں موت بک رہی ہے
سرمایہ کی زرگری ہے یہ سب
انساں کا لہو جو بیچتی ہے

میعاد اس ظلم کی ہے کب تک
ہم تم سے جواب چاہتے ہیں
ہم تم سے پھر ایک بار اپنے
زخموں کا حساب چاہتے ہیں

بچّے ہیں ہمارے، دیکھو اِن کے
سینوں سے لہو ٹپک رہا ہے
روٹی کی جگہ ملی ہے گولی
ہر زخم ان کا دہک رہا ہے

یہ طالبِ علم کالجوں کے
ہر ایک کتاب پڑھ چکے ہیں
سب جھوٹ ہے سب دروغ گوئی
ہر ایک قدم پہ سوچتے ہیں

اشیا سے بھرے پڑے ہیں گودام
قیمت میں مگر نہیں کمی کیوں
بس ہم نے تو صرف دام پوچھے
اربابِ ہوس میں برہمی کیوں

کیا نام اِسی کا ہے ترقّی
لاشوں سے زمین پٹ رہی ہے
اجناس کے دام بڑھ رہے ہیں
انسان کی قدر گھٹ رہی ہے

تم ہو بڑے ماہرِ سیاست
اِس فن میں تو منجھ گئے ہو شاید
ہم بحث بھی کیا کریں گے تم سے
تم خود ہی سمجھ گئے ہو شاید

جب آدمی ، آدمی کے اوپر
اِس طرح سے ظلم توڑتا ہے
تاریخ گواہ ہے کہ اس وقت
رُخ اپنا زمانہ موڑتا ہے

بیدار آنکھیں

اور اکثر جیسے ہوتا ہے
بیدار آنکھیں دیکھ رہی ہیں
"سٹار بار" کے اک کیبن میں
کل پھر اک شیشہ ٹوٹا تھا
کل پھر ایک گلاس کے ٹکڑے
خون میں غلطاں میز پہ بکھرے
ماضی کا آئینہ بن کر
اُس کی صورت دیکھ رہے تھے
اُس کی نظریں

ہاتھ کے زخموں کی گہرائی
ناپ رہی تھیں
پگھلا لاوا پھیل رہا تھا
رگ رگ میں اک آگ لگی تھی
انگ انگ لَو دے اُٹھا تھا

اور اکثر جیسے ہوتا ہے
بیدار آنکھیں دیکھ رہی ہیں
"ستار بار" کے اک کیبن سے
کل پھر اک عورت نکلی تھی
ایک رات کی ساری پونجی
بلاؤز میں چپکے سے پھسلا کر
ساڑی کے آنچل کے سرے کو
اپنی اُنگلی پر بل دیتی
رکشا میں پھر نور سڑک پر

بہہ نکلی تھی
اپنے پیچھے مدّھم کیبن
گرم دھوئیں کی دھندلی چادر
اور کسی کے ہاتھ سے بہتا
پگھلا لاوا چھوڑ آئی تھی

اور اکثر جیسے ہوتا ہے
بیدار آنکھیں دیکھ رہی تھیں
خون میں ڈوبے ہاتھ دکھا کر
"مینیجمنٹ" کا اک "دادا" بھی
مزدوروں کی
اک ہڑتال میں لیڈر بن کر
جھوم رہا تھا

آگہی

میرے ہاتھ میں اک کنگھا ہے
میز پہ بکھرے بال پڑے ہیں
میں آئینہ دیکھ رہا ہوں

جلد کی اک اک سلوٹ مجھ سے
دبی زباں سے یہ کہتی ہے
ٹیڑھے ترچھے لاکھوں خط ہیں
کھنچے ہوئے چہرے پر، لیکن

تم اب بھی تزئین میں اپنی
کتنے لمحوں کا خوں کر کے
خود کو تسکیں دے لیتے ہو
لیکن ہر اک گزرا لمحہ
چہرے پر اک جھری بن کر
چپکے سے پھر لوٹ آتا ہے"

میز پہ جتنے بال پڑے ہیں
اتنی بار مرے اعضا سے

سانس کا رشتہ ٹوٹ چکا ہے

ایک نظم

(انسان کے علم کی کوئی انتہا نہیں ہے۔ جب کوئی نیا مسئلہ اٹھ کھڑا ہوتا ہے تو اس کا حل بھی نکال لیا جاتا ہے۔ اسی طرح جب نئے امراض پیدا ہوتے ہیں تو ان کا علاج بھی دریافت کر لیا جاتا ہے۔ ترقی کی کوئی منزل آخری منزل نہیں ہوتی۔

عملِ جراحی اس وقت بعض ممالک میں اتنا ترقی کر چکا ہے کہ مرنے والے کے بعض اعضا نکال کر ڈیپ فریز (Deep - Freeze) میں رکھ لیے جاتے ہیں اور اگر کسی مریض کو ضرورت ہو تو اس کے بیکار اعضا نکال کر ڈیپ فریز میں رکھے ہوئے اعضا لگا دیئے جاتے ہیں۔ مختلف اعضاء کے مختلف بینک (Bank) قائم کئے گئے ہیں جیسے آنکھوں کا بینک

(Eye Bank) وغیرہ

وہ دن دور نہیں کہ انسان کے جسم کا ہر حصہ بدل دیا جاسکے گا اور نئے اعضاء لگا دیئے جاسکیں گے بلکہ ممکن ہے کہ ایسا بھی وقت آئے جبکہ انسان اپنے آپ کو ڈیپ فریز میں رکھوا لے اور کئی سو برس بعد اسے نکالا جائے اُس وقت پیدا ہونے والے قانونی اور جذباتی مسائل کا پوری طور پر اندازہ لگانا اِس وقت مشکل ہے۔ ایک امریکی رسالے (Life) میں بعض قانونی مسائل کا ذکر کیا گیا ہے لیکن کسی حل کی طرف اشارہ نہیں کیا گیا۔ جب ان مسائل کا سامنا ہوگا تو انسان ان کا حل بھی دریافت کر ہی لے گا۔

اس نظم میں انہی جذباتی کیفیتوں کو پیش کرنے کی کوشش کی گئی ہے۔ اس میں شاعر اپنے اکثر اعضاء بدل لینے کے بعد محسوس کرتا ہے کہ وہ اور اس کی محبوبہ (جس کے اعضاء بھی بدل دیئے گئے ہیں) ایک مرد اور ایک عورت نہیں بلکہ کئی مرد اور کئی عورتیں ہیں۔ وہ اس کشمکش میں مبتلا ہوجاتا ہے کہ دو جسم کئی مردوں اور کئی عورتوں کے مجموعے بن کر ایک دوسرے سے عشق کر رہے ہیں۔ وہ اس نتیجہ پر پہنچتا ہے کہ اگر ذہن بدل لیا جائے تو عشق کی قدریں بھی بدل سکتی ہیں، لیکن شاید اس وقت کسی اور کو اپنی محبوبہ سمجھنے لگے گا۔ ذہنی الجھن سے تنگ آکر شاعر اپنے بیکار اعضاء کو مستعار لئے ہوئے تندرست

اعضاء پر ترجیح دیتا ہے جس کے نتیجے میں اس کو صرف بڑھاپا مل سکتا ہے۔

یہ ایک جذباتی کشمکش اور ذہنی الجھن کی کہانی ہے کیونکہ حقیقت میں ان حالات کے پیدا ہونے اور ذہن کے نئی قدروں کو قبول کرنے سے پہلے حاصلِ فکر الجھن نہیں تو اور کیا ہوگا؟!)

کھڑا ہوا ہوں بہت دیر سے تمہارے لئے
بسیں گزرتی ہیں، میں چونک اٹھتا ہوں
خیال ابھرتے ابھرتے ہی ٹوٹ جاتا ہے
میں سوچتا ہوں کہ اب مجھ میں کیا رہا میرا
یہ ہاتھ میرا نہیں، ہے یہ آئنسٹائن کا ہاتھ
یہ پیر میرے نہیں ہیں، یہ زیٹوپیک کے ہیں
جگر کی بات نہ پوچھو، یہ ہے ربر کا جگر
یہ آنکھ میری نہیں ہے، یہ ہے پکاسو کی

جو اعضا میرے تھے بیکار ہو گئے، لیکن
جو مستعار لئے تھے وہ ہو گئے میرے
تمہارے اعضا بھی کتنے بدل گئے لیکن
بہت عزیز ہے اب بھی تمہارا سن مجھے
عجیب بات ہے اب بھی ہے تم سے پیار وہی
مجھے یہ رنج نہیں ہے کہ وہ نہیں ہوں میں
جو پہلے تھا، مرے اعضا بدل گئے ہیں، مگر
بس ایک ذہن ہی میرا رہے تو کافی ہے
تمہارے پیار کی کلیوں سے ذہن مہکالوں

وہ جھلملاتے ہوئے دور قمقموں کی قطار
وہ مسکراتے ستاروں کی روشنی دیکھو
وہ دیکھو رات کے پہلو میں چاند ہنستا ہے
تڑپتی موجوں سے کرنوں کا کھیل جاری ہے

یہ ایک ہی نہیں ایسے بہت مناظر ہیں
مجھے یقین ہے جن میں جھلک تمہاری ہے
مجھے تو آج بھی تم سے وہی محبت ہے
مگر مجھے یہ گماں ہے کہ میں اکیلا نہیں
بہت سے لوگ ہیں جو تم کو چھوتے رہتے ہیں
جو مر چکے ہیں مگر جن کے مجھ میں اعضا ہیں
فقط تمہی کو نہیں، اور عورتوں کو بھی
تمہیں سمجھ کے وہ چھوتے ہیں پیار کرتے ہیں
اگرچہ میں نہیں "میں" پھر بھی سوچتا ہوں یہی
کہ میرے سامنے تم ہو کہ اور کوئی ہے
اسی لئے تو میں کہتا ہوں آؤ لوٹا دیں
وہ سارے اعضا لئے تھے جو مستعار کبھی
یہ اعضاء بینکوں سے لائے تو تھے مگر یہ ذہن
جو میرا اپنا ہے اس کو اگر بدل دیتا

تو شائد عشق کی قدریں بدل گئی ہوتیں
مجھے بُرا بھی نہ لگتا جو کوئی اور چھوئے
مگر یہ ذہن بدل دوں تو پھر بھلا تم سے
میں پیار کر بھی سکوں گا مجھے یقین نہیں

اُلجھ رہا ہوں میں کب سے انہی خیالوں میں
بسیں گزرتی ہیں میں چونک چونک اٹھتا ہوں
اب آؤ بینکوں میں دے آئیں اپنے سب اعضا
اور اس کے بعد کہیں چل کے سو رہیں چپ چاپ
کھڑا ہوا ہوں بہت دیر سے تمہارے لئے
بس آ بھی جاؤ کہ اب بس نکلنے والی ہے

تین شعر

سناٹا، اور ایسا بھی کہ سرگوشیاں گونجیں
دل جس میں لٹا گیا یہ وہی وادیٔ غم ہے

تم نے بھی تو حالات سے سمجھوتہ کیا ہے
آنکھوں میں بھی کاجل ہے اور ابروئیں بھی خم ہے

اک عمر ہوئی ترکِ عبادت کیے، لیکن
ان قدموں پہ اب تک مری پیشانی کا نم ہے

بچپن، جوانی اور پھر

یہ اس کے بچپن کی ہے کہانی

وہ ان دریچوں سے دیکھتا تھا اور ان میں شیشے لگے ہوئے تھے

وہ دیکھتا تھا کہ بارشوں میں سیہ پھسلتی ہوئی سڑک کے

کنارے کچھ لوگ اونچی دیوار کا سہارا لیے کھڑے ہیں

وہ دیکھتا تھا سردیوں کی کٹار سے تیز آندھیوں میں

وہ اپنے ہاتھوں سے اپنے ننگے بدن کو لپٹے ہوئے پڑے ہیں

وہ جانتا تھا کہ کل اسے بھی اسی طرح رات کاٹنی ہے

وہ سوچتا تھا کہ ان دریچوں کو توڑ کر زندگی کو دیکھے

رگوں میں اک آگ دوڑتی تھی ابھی لہو منجمد نہیں تھا

یہ ہے جوانی کا اس کی قصہ
ہے زیست اب بھی برہنہ لیکن وہ جن دریچوں سے دیکھتا تھا
اب ان میں شیشے نہیں رہے ہیں اب ان پہ کاغذ چڑھا ہوا ہے
وہ اپنے حجرے میں بیٹھا دنیا کے سب مسائل پہ سوچتا ہے
وہ زر گزیدہ ہے اور حکیم معاش سمجھا ہوا ہے خود کو
جب آرزو میں حیات کی اس سیاہ محبس میں دم گھُٹے گا
تو وہ دریچوں سے دُود خوردہ تمام کاغذ نکال دے گا
اور اپنا رشتہ حیات کی ان تمام راتوں سے جوڑ لے گا
جو آخرِ شب نئی کرن کے لئے اندھیرے بھُگت رہی ہیں

سرحد

ہزار یادیں ہزار شہروں سے آ رہی ہیں
مرا ہر اک زخم رِس رہا ہے

وہ ساری سڑکیں
میں جن سے چھالوں کی لے کے سوغات لوٹ آیا
وہ جن پہ برسوں
مری امنگوں کے ساتھ بھی مایوسیوں کی راتیں بھی کٹ چکی ہیں
وہ فیکٹریاں جن میں میرے ہاتھوں کی نرم جلدیں مسک چکی ہیں

وہ جن سے اُجرت میں میرے ہاتھوں کو کھردرا پن
مری نسوں کو ملا ہے رعشہ
وہ جن سے میرے جوان سینے کو زنگ خوردہ دھواں ملا ہے
وہ مدرسے جن میں میری آواز مر چکی ہے
وہ جن سے میری رگوں میں خوں خشک ہو چکا ہے
وہ سب دفاتر جو اپنی اپنی
ضخیم، بوسیدہ، گرد آلود فائلوں کے تلے مری انفرادیت کو
مٹا رہے تھے
وہ جن سے مجھ کو گھٹن ملی ہے

وہ "بار" جن میں
بیئر کی سب بوتلیں پسینے میں تر کھڑی ہیں
وہ جن میں تنہائیوں کی راتیں شراب کے گھونٹ پی کے میں نے گنوا دی ہیں
وہ سب کے سب مجھ کو ایک بار اور اپنی جانب
بلا رہے ہیں

ہزار یادیں ہزار شہروں سے آ رہی ہیں
مرا ہر اک زخم رِس رہا ہے

میں ایسی لاشخصیت زدہ زندگی کے میلے سے اپنی اک شخصیت بچا کر
خود اپنے شانوں پہ اپنا مصلوب پیکر لئے تم سے صرف اخلاص چاہتا ہوں
مگر، اگر تم یہ چاہتی ہو
میں تم سے اشکوں کی بھیک مانگوں
نہیں، یہ مجھ سے نہ ہو سکے گا
یہ میری سرحد ہے، اس سے آگے
مرے لئے صرف خودکشی ہے

نیا ذہن

دھیرے دھیرے میرے گھر کے
آنگن کی دیوار پہ چڑھ کر
دھوپ چھتوں پر سو جاتی ہے
مغرب کی دیوار کا سایہ
دھوپ کا پیچھا کرتے کرتے
تاریکی میں کھو جاتا ہے
ڈھلتی شام کے لمبے سائے
اک اک کر کے مٹ جاتے ہیں

دھیرے دھیرے چاند کی کرنیں

مغرب کی دیوار سے ڈھل کر
سارے آنگن کی مٹّی پر
چاندی کا اک فرش بچھا کر
مشرق کی دیوار پہ چڑھ کر
گھر کی چھت پر سو جاتی ہیں
مغرب کی دیوار کا سایہ
آنگن کے باہر ظُلمت میں
کھو جاتا ہے

برسوں سے یہ کھیل ہے جاری
میری بیوی
میرے ساتھ ہی چاند کی کرنیں
گننے میں مصروف ہے لیکن
میرا بچّہ
کرنوں کے زینوں پر چڑھ کر
چاند میں جانے کے منصوبے
بنا رہا ہے

دو افسانے

تمہارے میک اَپ سے میرے سگریٹ کی مہک تک
ہیں اک کہانی کے لاکھ عنواں
مرے اُترتے گلاس چڑھتے نشے سے پوچھو
تمہارا ہر رونگٹا ہے شاہد
کہ میں تمہارے دبیز میک اپ کی دس تہوں میں
چھپی ہوئی جلد کی شکن کو
مسل چکا ہوں
مگر تم اب بھی یہی سمجھتی ہو میں تمہاری

پگھلتی آنکھوں کے نرم شعلوں میں جل رہا ہوں
تمہیں یہی خبط ہے ابھی تک
کہ میں تمہارے
ان ادھ سے نم لبوں کی یادوں میں گھل رہا ہوں
مگر مرا ذہن اب تمہارے
ہر ایک ریشے کو جانتا ہے
تمہارے میک اَپ سے میرے سگریٹ کی مہک تک
ہیں اک کہانی کے لاکھ عنواں
یہ ہے تصنّع کی اک کہانی
ہیں جس کے عنواں
لگاؤ، قربت،
جنوں، شکست
آرزو، فریب
انتظار، دھوکہ

تمہارے میک اَپ سے میری بیوی کی جلد تک اک عجب سفر تھا

شعورِ تازہ کی کشمکش تھی

وہ تم تھیں اور یہ ہے میری بیوی

وہ دردمند، اعتبار پرور

کہ جس کی جلد اور میرے ہونٹوں کے بیچ میک اَپ کی تہہ نہیں ہے

دہکتے چولھے سے میرے بستر کی ہر شکن تک

ہیں لاکھ افسانے ایک عنواں

لذیذ سالن، جلی ہوئی روٹیاں، تبسم

ہمارے بچے کی لمحہ لمحہ شرارتیں، دوستوں کی محفل

شراب، شیشے، گلاس، سوڈے کے کاگ، اٹھی ہوئی خنک بوتلوں کی قلقل

ہنسی، لطیفے

تضاد طبقات کا غمِ مشترک، کتابوں کا اک جہاں، فکر کا سمندر

عمل، جلوس، اتحاد جلسے، ہجوم، تقریر کے دھماکے

پلیس، ہڑتال، سنگ باری

حصار، لاٹھی، ٹرک، حراست

اندھیری راتوں میں جیل کی چیختی خموشی
رہائی، بیوی کے ہاتھ کا گرم لمس، ہلکا دباؤ، آنکھوں کی مسکراہٹ
ہیں لاکھ افسانے ایک عنواں
خلوص کے ہیں یہ سب فسانے
ہے جن کا عنوان
زندگانی

۱۹۶۷ء

یہ عہد، عہدِ قدیم کی آخری کڑی ہے
یہاں سے تاریخ کا نیا موڑ آ رہا ہے
یہ عہد اک حاملہ ہے جس کی تمام بے چینیوں کا واحد
علاج خود اس کے بطن ہی میں

چھپا ہوا ہے
جو اک اذیت میں مبتلا ہے
یہ کرب سہہ لے تو اک نئی روح کا جنم ہے
نہ سہہ سکے تو

ہمارے اس عہد کا مقدّر
مُراجعت ہے

دشمن

چھوٹا ہوتا رہا سگریٹ ، دھواں اُڑتا رہا
نظریں بہتی رہیں ، اخبار کی دُھندلائی ہوئی سُرخیاں لَودیتی رہیں
"آج بنگال گورنر نے مکرجی کی حکومت توڑی
نکلا لاکھوں کا جلوس
گولی پولس نے چلائی ، ہوئے زخمی بھی ، مرے بھی کئی لوگ"
"بڑھتی فیسوں کے خلاف
طلباء آج کریں گے ہڑتال"
"کل بھی امریکی ہوا بازوں نے بمباری کی

ویت نام آج بھی اس آگ میں جلتا ہی رہا"
اس نے جھنجھلا کے بجھایا سگریٹ
چائے کی پیالی میں طوفان آیا
اس نے سوچا مجھے کیا اس سے کہ کیا ہوتا ہے اس دنیا میں
کوئی مرتا ہے، مرے
کوئی کرتا ہے اگر ظلم تو کرنے دو اُسے
میرا دشمن تو نہیں

"کار" کی چابیاں لیں، کوٹ پہن کر نکلا
باہر اک گولی کی آواز آئی
ایک لڑکے کی کراہیں گونجیں
خاک اور خون میں لتھڑا ہوا اک گرم بدن
اس کے قدموں میں گرا
اس نے چلّا کے کہا
جو بھی ظالم ہے مرا دشمن ہے

غزل

ترا فراق بھی ویسے مجھے گوارا ہے
مگر مجھے تو تری بے رخی نے مارا ہے

یہ سانس رشتۂ امید ہے، یہ مت سمجھو
کہ تم سے چھوٹ کے جینا مجھے گوارا ہے

ہر ایک حادثۂ بے رخی سے گزرا ہوں
ہر اک قدم پہ تری یاد نے سہارا ہے

جگر کا خون دیا دوست، تم گواہ رہو
کہ ہم نے زیست کو کس طرح سے سنوارا ہے

تمہاری بزم سے اُٹھا تو یہ گمان ہوا
کہ ایک بار مجھے تم نے پھر پکارا ہے

یہ شہر

یہ شہر، دن کے اجالوں میں جاگتی بستی
یہ شہر، رات کی تاریکیوں کا شہر بھی ہے

یہیں کہیں مرے بچپن کی وہ گلی بھی ہے
جہاں برہنہ ہم عمروں کے ساتھ پھرتا تھا
یہیں کہیں مرے بچپن کی خوابگاہ بھی ہے
وہ مدرسہ، جہاں سچ بول کر سزا پائی
جہاں لگے مری معصومیت پہ سو الزام

جہاں بزرگوں نے اکثر یہی کہا مجھ سے
قصور یہ ہے تمہارا کہ بے قصور ہو تم
یہیں شباب نے غم سے نباہنا سیکھا
یہیں کیا ہے زمانے سے میں نے سمجھوتہ

یہ شہر، شہر کیا، اپنوں کی ایک بستی ہے
کسی کو رازِ دل اپنا سمجھ کے جب بھی کہا
وہ بات آگئی بازار میں، دو کانوں پر
عظیم شخصیتیں، پُرخلوص لوگ ملے
کریدی چلد تو کچھ بھی نہ تھا ریا کے سوا

مگر یہ شہر مری زندگی کا حصّہ ہے
یہ صرف میرا نہیں، یہ ہمارا قصّہ ہے

سرِ جُنوں خم نہیں ہوا ہے

بنے ہیں لمحوں سے دن،

دنوں سے برس،

برس سے صدی بنی ہے

مگر کہانی وہی رہی ہے

دِلِ تمنا ہے زخم خوردہ

ہے چشمِ احساس اشک افشاں

صدائے غم ہے گلوگرفتہ

امید کا ہے فگار سینہ

ہتھیلیاں کشتِ خشک جیسے
کہ جن پہ چھالوں کی فصل پک پک کے کٹ چکی ہے
مگر کہانی وہی رہی ہے
سرِ جنوں خم نہیں ہوا ہے
ابھی یہ ماتم نہیں ہوا ہے

برس برس سے صدی بنی ہے
مگر کہانی وہی رہی ہے
کہ آدمی نے سلیقہ جینے کا جب سے سیکھا
دلیرِ خانہ بدوش انساں کا قافلہ جب
زمیں کے سینے کو چیر کر خیمہ زن ہوا ہے
اور انجمن جب سے کی ہے قائم
تو اس میں فرعون اور موسیٰ کا رن پڑا ہے

بہت ترقی ہوئی ہے اب تک

پہاڑ کاٹے گئے،
سمندر کے دل میں خنجر کی طرح اترے جہاز،
ڈالی گئی بنا نئے جہانِ تازہ

مشینیں انساں کا کام کرنے لگی ہیں سارا
مگر کہانی وہی رہی ہے
دلِ تمنّا ہے زخم خوردہ
ہے چشمِ احساس اشک افشاں
صدائے غم ہے گلو گرفتہ
امید کا ہے فگار سینہ
ہتھیلیاں کشتِ خاک جیسے
کہ جن پہ چھالوں کی فصل پک پک کے کٹ چکی ہے
اگرچہ اس ظلم کی کوئی انتہا نہیں ہے
خوشی تو یہ ہے مگر،
کہ اب تک
سرِ جنوں خم نہیں ہوا ہے
ابھی یہ ماتم نہیں ہوا ہے

ملبہ

آؤ تمھیں دکھلاؤں وہ اُجڑی ہوئی بستی
جو ایک زمانہ میں تھی آباد و درخشاں
تا حدِّ نظر رنگ تھے چہروں پہ دَھنک کے
جسموں کے لہکتے ہوئے گلزار کِھلے تھے
سرخی کی، سیاہی کی، سفیدی کی جھلک میں
آنکھوں کی سلگتی ہوئی شمعوں کی قطاریں
اِس طرح اندھیروں کی اٹھا دیتی تھیں پرتیں
معلوم نہ ہوتا تھا کہ کب شام ہوئی ہے

میخانہ، کہ بھیگے ہوئے ہونٹوں کا وہ کھلنا
وہ شہر، کہ اک جسم پہ پیراہنِ رنگیں
اور آج وہی شہر ہے اک شہرِ خموشاں
تا حدِّ نظر صرف تمنّا کے کھنڈر ہیں
تم بھی اِسی ملبے میں کہیں دفن ہو شاید
یا دور کے کسی کتبے پہ ہے نام تمہارا

میں بھول رہا ہوں کہ کہاں قبر کھدی تھی
بس یاد رہے اتنا کہ تمہیں دفن کیا تھا

غزل

کس نے کہا کہ آپ کا ملنا غضب ہوا
در اصل عرضِ حال میں حائل ادب ہوا

یکتا ہیں آپ تو کرم بے حساب میں
عجزِ بیاں ہی مانعِ فہمِ طلب ہوا

غازے کی تہہ میں سلوٹیں چہروں کی دیکھنا
میرے لیئے معاملۂ روز و شب ہوا

خوں گشتگی میں لب پہ تبسم کی لہر ہے
اظہارِ غم ہوا بھی تو بس زیرِ لب ہوا

یا انقلاب ہے، کوئی پہچانتا نہیں
یا یوں کہو زمانہ بہت بے ادب ہوا

معمورۂ خیال میں اک آگ لگ گئی
اٹھ کر تمہارا بزم سے جانا غضب ہوا

آذرؔ بُتوں کی چاہ میں برباد تو ہوئے
ہے یاد بھی کہ حادثہ آخر یہ کب ہوا

خلاء

لوگ اب بھی قسمت کی باتیں
کر کے جی بہلا لیتے ہیں
لیکن آج کے انساں کی شخصیّت بالکل
چند عوامی تحریکوں میں
اور کچھ نجی مسائل میں یوں
بکھر چکی ہے
جیسے پت جھڑ کے موسم میں
فرشِ زمیں پر

سوکھے پتے گر جاتے ہیں
اور پیڑوں کے
خالی ڈھانچے رہ جاتے ہیں

کہاں ہیں آخر جڑیں ہماری
یا دوں کا مستقبل کیا ہے
میں بھی اپنی
پچھلی عمر کو ماضی کے اندھے غاروں میں
پھینک آیا ہوں
اور بیٹھا اب سوچ رہا ہوں
مستقبل کا
ماضی کے اندھے غاروں سے
کیا رشتہ ہے

ارتقاء

میں آج برسوں کے بعد گنداٹا نظام کالج کی سرزمیں پہ

مرے لڑکپن کے صاف میداں
جہاں مرے کھیل، میری ساری
شرارتوں کے کھِلے تھے غنچے
وہ آج سہ منزلہ مکانوں کے نیچے دب کر
سسک رہے ہیں
مرے زمانے کے سارے خاکے بدل چکے ہیں

مگر وہی بڑ کے بوڑھے پیڑ آج بھی کھڑے ہیں
جٹائیں جن کی پکڑ کے لڑکے لٹک رہے ہیں

مجھے کوئی جانتا نہیں ہے
مگر مری داستاں ابھی تک
یہاں کی مٹّی میں جذب ہے اور
یہاں کے پیڑوں پہ ہے منقش
یہاں کے دیوار و در سے اب بھی
مری صدائیں اسی طرح گونجتی ہیں جیسے
میں اس جگہ اجنبی نہیں ہوں

کسی بھی نکڑ پہ یا کسی بھی ستوں کے پیچھے
کبھی جو دو نوجواں دلوں میں
وفا نبھانے کا عہد ہوگا

تو میرے ہاتھوں کے سائے ان کے سروں پہ ہوں گے
مری کہانی لبوں پہ ہوگی
مری محبت دلوں میں ہوگی

مجھے کوئی جانتا نہیں ہے
مگر میں آج اجنبی نہیں ہوں
میں آج افسانہ ہو چکا ہوں

غزل

تمہارا آنا بہانہ تھا بے خودی کے لئے
تمہارا جانا قیامت ہوا کسی کے لئے

نہ تجھ کو چاہا نہ پانے کی آرزو کی ہے
مگر تباہ ہوا اک تری خوشی کے لئے

ہوئیں ڈوبی ہوئی آرزو کی لاش اٹھائے
میں جی رہا ہوں فقط پاسِ زندگی کے لئے

پہنچ کے دیکھا تو اک قتل گاہِ ارماں تھی
نکل کے گھر سے چلا تھا تری گلی کے لئے

تم آئے ڈوبتے سورج کی سرخیاں لے کر
اور اس طرح کہ کوئی آئے دل لگی کے لئے

ہتھیلیوں سے بجھایا ہے جس نے شمعوں کو
وہ احتیاج رکھے کس سے روشنی کے لئے

میں اپنے ہاتھوں سے خود اپنا قتل کرتا ہوں
کوئی جواز نہیں میری ہمسری کے لئے

یہ فنِ شعر ہے آذرؔ یہاں ضروری ہے
زباں کا تیشہ خیالوں کی بُت گری کے لئے

آسیب

سنبھل کے آؤ، ٹھہر کے دیکھو، پرانے محلوں کی سرزمیں ہے

پرانے محلوں میں زندگی کا جہاں لہو دوڑتا تھا کل تک
یہیں سے بنتے تھے سب قوانین، فلسفے، مذہبوں کے فتوے
یہیں سے سِکّوں کی طرح ڈھل کر ہوئے تھے رائج
مگر اب اس سرزمیں پہ کچھ بھی نہیں ہے بوڑھے کھنڈر کھڑے ہیں

پُرانے محلوں کے کھنڈر زندگی کے آسیب پالتے ہیں
مجھے بھی شائد کبھی جو ملنا ہو تم سے تو میں یہیں ملوں گا
تمہارا جسم اک کھنڈر ہے، میرے لئے تم آسیب بن چکی ہو

کل کی بات

کل کوئی کہہ رہا تھا مجھ سے یونہی
تم بھی ماں بن چکی ہو برسوں ہوئے

مجھ سے چھوٹے ہوئے زمانہ ہوا
کیا خبر، جو ہوا، ہوا ہوگا

ایک لڑکی پہ کل پڑی تھی نظر
زلفیں، دھنکی ہوئی روئی جیسی

اور جبیں، جیسے پُر سکوں تالاب
ابرو، قوسِ قزح کا خم جیسے
آنکھیں تنہائیوں میں سرگوشی
ہونٹ، جس طرح بحر موج در موج

میں نے دیکھا تھا مُسکرا کے اُسے
اور سوچا تھا وہ بھی چپکے سے
دیکھ کر مُسکرائے گی، لیکن
تم جوانی میں جیسی گوری تھیں
وہ بھی تم جیسی اجنبی نکلی

رات بھر اس گمان میں گذری
جس کو دیکھا تھا میں نے کل سرِ راہ
تم تھیں وہ، یا تمہاری بیٹی تھی

رازؔ اور افشائے راز
(اپالو۔۱۱)

بہت دن ہوئے تم نے وعدہ کیا تھا
کہ دو گی محبت کی ایسی نشانی
جسے کوئی انساں نہیں چھو سکے گا

بہت دن ہوئے ہیں
انہی سخت اُودی چٹانوں پہ بیٹھے ہوئے
چاند کو دیکھ کر تم نے مجھ سے کہا تھا

"کسی کا اجارہ نہیں چاند کی سرزمیں پر
اسے کوئی انساں نہیں چھو سکے گا
مرے پیار کا اسکو تحفہ سمجھ لو"

بہت دن ہوئے ہیں
انہی سخت اُودی چٹانوں پہ بیٹھے ہوئے
تم نے چاہا تھا
تنہائیوں میں محبت کریں اور ہماری محبت بھی اک راز ہو
بہت دن ہوئے
تم کو معلوم کیا تھا
کہ تنہائیوں میں محبّت
اسی طرح کی اک گھٹن ہے
کہ جیسے اندھیرے میں بیٹھا کوئی
روشنی ڈھونڈنے کی تمنّا میں اپنا

گلا گھونٹتا ہے

بہت دن کے بعد آج انسان جب
چاند کی گرد ہاتھوں میں اپنے لئے
سخت اودی چٹانوں پہ بیٹھا ہوا
تک رہا ہے ہماری زمیں کی طرف
ہم نے جانا کہ یہ کائنات آج بھی
ایک "سربستہ رازوں کا انبار" ہے
لیکن انسان کی دسترس سے کوئی شئے بچے گی نہیں
ہم نے جانا کہ وہ چاند کا تحفہ ہو یا محبت کا راز
آج سب ایک عالم کی تاریخ کے
مختلف باب ہیں
نسل در نسل ورثہ ہیں انسان کا
راز کچھ بھی نہیں

غزل

ہر گھڑی دل میں ہے بے تابیٔ خاطر جیسے
اپنے گھر میں ہیں سرائے میں مسافر جیسے

تم نے جاتے ہوئے اس طرح پلٹ کر دیکھا
لوٹ آؤ گے ملاقات کی خاطر جیسے

ہر دریچے سے تری یاد نے پہلو بدلے
بس کی کھڑکی سے بدلتے ہیں مناظر جیسے

ایک ہنگامہ ہے اس عہد کے دروازے پر
بھیڑ میخواروں کی میخانے کے باہر جیسے

آج لگتا ہے کچھ ایسا مجھے تنہائی میں
تم نے اک بار مجھے یاد کیا پھر جیسے

تیری آواز کی اک گونج ہے سنّاٹے میں
اس بھرے شہر میں تنہا کوئی شاعر جیسے

بھیگی زلفوں کو سکھاتی ہو تو یوں لگتا ہے
میری تخئیل کا اُڑتا ہوا طائر جیسے

یوں اُچٹتی سی نگاہوں سے مجھے مت دیکھو
کوئی انجان سا رہتا ہے بظاہر جیسے

مسافر

مرا ٹھکانہ کہیں نہیں ہے

میں جب بھی گزرا
جہاں سے گزرا
بس اپنے سائے کی یاد چھوڑے
خود اپنے نقشِ قدم سمیٹے
کہ یہ بھی کوئی نہ جان لے میں کدھر سے ہو کر کہاں گیا ہوں

میں اپنے سینے میں چند زخموں کے داغ،
آنکھوں میں چند کرنوں کی روشنی لے کے چل رہا ہوں

مرا ٹھکانہ کہیں نہیں ہے

خیال، خواب، آرزو، حقیقت کے درمیاں اک خلا ہے جس میں
تمام دنیا
سوال بن کر
ابھر رہی ہے
مرے لئے زادِ راہ آفاق کے غمِ بیکراں کی گٹھری
مرے لئے ہمسفر کی کوئی کمی نہیں ہے
مگر میں جب بھی کہیں سے گزرا
خود اپنے نقشِ قدم سمیٹے
کہ یہ بھی کوئی نہ جان لے میں کدھر سے ہو کر کہاں گیا ہوں

مرا ٹھکانہ کہیں نہیں ہے

مری تمنّا کے ہاتھ جب بھی
افق کے پھیلے ہوئے کناروں کو ڈھونڈتے ہیں
مرے خیالوں میں ایک موہوم سی خلش جاگتی ہے اکثر
کہ جب بھی میں نے قدم بڑھایا ہے سوئے منزل
اُفق کے پھیلے ہوئے کنارے
سراب بن کر
فضا میں تحلیل ہو گئے ہیں
نئے کنارے
نئی نئی منزلوں میں تبدیل ہو گئے ہیں

مرا ٹھکانہ کہیں نہیں ہے

میں ایک سیماب پا مسافر

بس اپنے سائے کی یاد چھوڑے
خود اپنے نقشِ قدم سمیٹے
اُفق اُفق سے گزر رہا ہوں

مرا ٹھکانہ کہیں نہیں ہے

ادھوری کہانی

تِتلی،
پھول،
پتنگا،
شمع،
چکوری،
چاند،
ادھوری ہے یہ ساری کہانی
جب تک میرا

نام نہ آئے
اُس محفل میں
جس میں تمہارا
ذکر چھڑا ہو
لوگ کہیں : اک دیوانہ جو
رات گئے تک
چلاتا ہے،
"لوگو! کھیلی کو تو کریدو
زخم ابھی تک
تازہ ہے
جانے کب تک یہ
زخم رِسے گا
جانے کب ہو
اس کا مداوا

ہر کھیلی کی
سطح کے نیچے
خیر و شر کا
اک ہنگامہ
چھپا ہوا ہے"
لوگ کہیں جب:
سنتے ہیں یہ
دیوانہ اس
بستی کی اک
لڑکی سے خاموش محبت
کرتا تھا
اور
اب سناٹے کی دیوار سے
سر ٹکراتا

پھرتا ہے،
وہ
لڑکی اب بھی
چنچل ہے،
وہ
لڑکی اب بھی
ہنستی ہے
لیکن وہ لڑکی
تنہا ہے
ایک
اک کر کے اس لڑکی کے
سب
چاہنے والے بچھڑ چکے،
اس

دیوانے کے ساتھ مگر

اب
ساری بستی گھوم رہی ہے ——
بوڑھی طوائف
جیسے جذامی
سب چُھونے سے کتراتے ہیں
بوڑھا عاشق
جیسے سیپی
سینے میں ہے
موتی پنہاں

دھرتی،
ٹریکٹر،
کھاد،

فصل،
مشینیں
اشیاء
نفع،
دوکان،
ادھوری ہے یہ ساری کہانی
جب تک میرا
نام نہ آئے
اُس محفل میں
جس میں جہاں کی
تبدیلی کا
ذکر چھڑا ہو
لوگ کہیں ، اک دیوانہ جو
رات گئے تک

چلاتا ہے،
"لوگو! کھپلی کو تو کرید دو
زخم ابھی تک
تازہ ہے،
جانے کب تک یہ
زخم رِسے گا
جانے کب ہو
اس کا مداوا
ہر کھپلی کی
سطح کے نیچے
خیر و شر کا
اک ہنگامہ
چھپا ہوا ہے"
لوگ کہیں جب :

سنتے ہیں یہ
دیوانہ اس
دھرتی کی اک
بستی سے خاموش محبت
کرتا تھا
اور
اب سناٹے کی دیوار سے
سر ٹکراتا
پھرتا ہے
اس
بستی میں گو
ہلچل ہے
وہ
بستی اب بھی

"بستی" ہے
لیکن وہ "بستی"
ویران ہے
ایک
اک کرکے اس بستی کے
سب
بسنے والے بچھڑ چکے
اس
دیوانے کے ساتھ مگر
اب
سب دل والے جھوم رہے ہیں ۔۔۔۔۔
اُجڑی بستی
جیسے جذامی
سب چھونے سے کتراتے ہیں

بوڑھا شاعر

جیسے سیپی
سینے میں ہے
موتی پنہاں

تمہارا گھر

وہی چٹانیں ہیں اب بھی، وہی درخت ہیں سب
پُرانے کھوکھلے، دیمک لگے ہوئے سارے
کہ جیسے یادوں کے میثاق کرم خوردہ ہوں
کئی برس ہوئے، گھر چھوڑ کر چلا تھا جب
تمہارے گھر کا مرے ذہن میں تھا اک خاکہ
جو ماہ و سال کے گرد و غبار میں دب کر
کچھ ایسی دھندلی سی تصویر بن گیا ہے اب
تمہارے کمرے کا جغرافیہ نہیں ملتا
تمہاری بھینسیں چُراتا تھا را ملو گوٹی

تمہارے گھر میں، مجھے یاد ہے، سبھی کچھ تھا
دہی تھا، چھاچھ تھی، مکھن تھا، دودھ، بالائی
غرض وہ سب تھا جو ہم سوچ بھی نہ سکتے تھے
ہمارے گھر میں تو ابّا کی کچھ کتابیں تھیں
مری کتابوں کا چھوٹا سا ایک بستہ تھا
اور ایک ماں کی پٹاری تھی سوئی تاگے کی

کئی برس ہوئے، تم کو بھی یاد ہو شاید
وہ پیڑ جس پہ تراشے تھے ہم نے نام اپنے
وہ وعدہ یاد ہے مجھ کو، تمہیں بھی ہو شاید
جو تم نے مجھ سے کیا تھا کہ ۔ خیر اب چھوڑو
میں برسوں بعد جو لوٹا تو را ملو بھی نہیں
تمہاری بھینسیں بھی اب کب کی مر چکی ہوں گی
میں کس سے پوچھوں تمہارا پتہ، کہاں جاؤں

تمہارے نام سے واقف نہیں ہے کوئی یہاں
وہ پیڑ بھی نہیں معلوم کیا ہوا ہے اب
وہ پیڑ جس پہ تراشے تھے ہم نے نام اپنے
تمہارے گھر میں اب اک مدرسہ ہے بچّوں کا

فاصلے کم نہ ہوئے، آپ کی دُوری نہ گئی
حسرتِ وصل بھی گئی دل سے تو پوری نہ گئی

"عقلِ عیار ہے سو بھیس بنا لیتی ہے"

(اقبال)

جب بھی دہانِ زخم سے کہا
افسانہ مرگِ زیست کا تو وہ
آگے لہو بہاتا تھا اور اب
آنکھوں میں اس کی نیند سو گئی
آسودہ حال ہو گیا ہے وہ
ہے مرگِ زیست آج بھی مگر

وہ ایک زینہ اور چڑھ گیا

"O, WHAT A FALL WAS THERE MY COUNTRYMEN,
THEN I, AND YOU, ALL OF US FELL DOWN,"
"AND BRUTUS IS AN HONOURABLE MAN,"

(شیکسپیئر)

صدائے بازگشت

تم آج تک یہ سوچتے رہے
ہے دہر ایک امتحان گاہ
جہاں سوال آپ ہی کرو
جواب آپ ہی کو آپ دو
بس اپنے اک ضمیر ہی پہ تم
تمام فیصلوں کو چھوڑ کر
یہ سوچتے رہے کہ زندگی
ہے انفرادی کاوشوں کا نام

حصولِ آرزو کی کشمکش
کچھ اس قدر تمہارے ذہن کو
اسیر کر چکی ہے آج کل
کہ جرم و ظلم ہی تمہارے پاس
حیات کے اصول بن گئے
مگر ضمیرِ وقت اور ہے
ہر ایک فرد کے ضمیر سے
جو منفرد بھی ہے عظیم بھی
اٹل ہیں جس کے فیصلے تمام
تم اپنے فلسفے کی قید سے
نکل کے زندگی کو دیکھ لو
یہ وقت کا ہے فیصلہ کہ جب
تمہارے شیشۂ ضمیر پر
حقیقتیں ہوں سنگبار اور

اک آن میں اسے کریں دو نیم
تو اک صدائے بازگشت سے
تمہارے کان ہوں گے آشنا

"O, THROW AWAY THE WORSER PART OF IT
AND LIVE THE PURER WITH THE OTHER HALF"

(شیکسپیئر)

انقلاب

یہ خوف کیوں ہے آپ کو کہ کل
اگر نظامِ جبر مٹ گیا
تو راج ہوگا بس نراج کا
علاج قہر و جبر و ظلم کا
سوائے انقلاب کچھ نہیں
یہی صدائے انقلاب ہے

I MUST BE CRUEL ONLY TO BE KIND:
THUS BAD BEGINS AND WORSE REMAINS BEHIND."

(شیکسپیئر)

روشنی کا شہر

بے رحمیِ زمانہ دیکھئے
میں رات کے سکون کے لئے
ہر صبح اپنی بیچتا رہا
اور دوپہر کو زخمِ دل لئے
ہمدرد سینہ ڈھونڈتا رہا
جب شام کو تھکے ہوئے قدم
گھر لوٹنے کے واسطے اُٹھے
دیکھا تو کوئی نقشِ پا نہ تھا

نکلا تھا گھر سے روشنی کا شہر
اک بار دیکھنے کے واسطے
دیکھا تو ظلمتوں کا راج تھا
مایوسیاں نگاہ میں لئے
لوٹا تو دیکھا ایک شمع ہے
بیوی کے ہاتھ میں، — دیاسلائی
چپکے سے میں نے جیب سے نکال
سُلگائی 'شمع' — ایک لمحے میں
گھر روشنی کا شہر بن گیا

AND WISDOM DAWNED UPON ME IN TWILIGHT
THAT DISTANCE LENDS ENCHANTMENT TO THE
VIEW

طفلِ معصوم اور زرّیں لبادے

کبھی کبھی میں یہ سوچتا ہوں
کہ اُس پہاڑی سے کود کر اپنی جان دے دوں
وہی پہاڑی جو دور بادل میں سر چھپائے ہوئے کھڑی ہے
مگر کبھی یہ خیال آتا ہے میرے دل میں
کہ میرے بعد اس جہاں میں کون ایسا شخص ہوگا
کہ جو میری طرح اپنی آنکھیں ہتھیلیوں پر لئے پھرے گا
گلی گلی، شہر شہر آواز دے گا ــــــ "لوگو!
تم اپنے چہرے پہ میری آنکھیں لگا کے دیکھو

حسین پوشاک زر کے تاروں سے بُن کے پہنے ہوئے ہیں جتنے
وہ لوگ ننگے ہیں ان کی جلدیں
مسک رہی ہیں
اور ان میں ناسور پڑ گئے ہیں"

وہ کون ہے جو کہے گا ——— "لوگو!
وہ جو بظاہر برہنہ ہیں ان کے زخم دل میں
چھپے ہوئے ہیں
وہ لوگ مخدوم ہیں، وہ جامی ہیں، وہ سلیمان اریب ہیں جو
خود اپنا خون پی کے جی رہے تھے
خود اپنا خون پی کے مر گئے ہیں
مگر فضا ان کے زخم دل سے کبھی مکدر نہیں ہوئی ہے"

وہ کون ہے جو کہے گا ——— "لوگو!
میں طفلِ معصوم ہوں مجھے مصلحت نے اندھا نہیں کیا ہے

تم اپنے چہرے پہ میری آنکھیں لگا کے دیکھو
جو لوگ سب کی نظر میں زرّیں لبادے اوڑھے ہوئے کھڑے ہیں
وہ لوگ دراصل ہیں برہنہ
جو سب کی نظروں میں ہیں برہنہ
وہ لوگ زریں لبادے اوڑھے ہوئے کھڑے ہیں
وہ لوگ مخدوم ہیں، وہ حامی ہیں، وہ سلیمان اریب ہیں جو
جیئے ہیں مر مر کے اور مر کر امر ہوئے ہیں"

غزل

کب لوٹا جو اب لوٹے گا وہ لمحہ جو گزر چکا
وقت کے شہپر کاٹنے والو، وقت ہے بادل وقت ہوا

زیست نے ہم کو کتنے عنوانوں کے تحت محکوم کیا
جبرِ سیاست، جبرِ معیشت، جبرِ محبت، جبرِ قضا

کون سنے گا غم کا فسانہ کس کو اتنی فرصت ہے
اس سے کہنا جس کو خبر ہے کیا ہے محبت کیا ہے وفا

بہتے ہوئے دریا کو دیکھو کیسے بدلتے ہیں حالات
ٹھہرے ہوئے تالاب سے پوچھو کیوں ہے یہ آئینہ سا

لوگ تماشہ دیکھ رہے ہیں بستی جل کر خاک ہوئی
اک دیوانہ چیخ رہا ہے لوگو یہ میلا کیسا

اک زنجیر میں سب جکڑے ہیں سب کے سینے زخمی ہیں
ایک کی آنکھ سے آنسو ٹپکا ایک کے دل میں درد ہوا

چلتے پھرتے انسانوں کے ڈھانچے ہنستے روتے ہیں
کل تک دنیا ایک چمن تھی آج ہے دنیا اک صحرا

لفظ و معنی ڈھونڈ رہے ہیں قدروں کے انبار میں ہم
کتنی قدریں بے معنی ہیں آج ہمیں معلوم ہوا

ہر چہرے پر نقش تمنا اُبھر رہے ہیں لیکن آذرؔ
ہر چہرے کے بھیتر دیکھو حسرت کا انبار لگا

قربتیں، فاصلے

اور اک جام اٹھاؤ
کم کرو فاصلے،
لو آنکھوں کی کچھ اور بڑھاؤ
ہاتھ سے ہاتھ ملے بھی تو بھلا کیا ہوگا
دل کی دوری کو مٹاؤ تو کوئی بات بنے
رات سجے
جام چلے
اور اک آواز میں مل جائیں کئی آوازیں

مے کی تلچھٹ کو بھی آئینہ بناؤ
اور آئینے میں چہرہ دیکھو
چاندنی دل میں اُتر آئے گی
تارے آنکھوں میں چمک اُٹھیں گے
اور اک جام اٹھاؤ
دل سے دل، ہاتھ سے ہاتھ، آنکھوں سے آنکھیں تو ملاؤ
قربتیں چہروں کے ملنے سے تبسم میں نہیں
قربتیں درد کے بٹ جانے کے انداز میں ہیں
قربتیں قبر میں دفنائی ہوئی لاش میں
قربتیں زخموں سے بہتے ہوئے خوں میں گم ہیں
قربتیں جلد کے نیچے کی تہوں میں گم ہیں
انھیں ڈھونڈو انھیں چپکے سے بلاؤ
دل کی دُوری کو مٹاؤ

اور اک جام اٹھاؤ

گزرتی عمر کا کرب

سُنا ہے اب کے برس بھی بہار آئی تھی

ہمارے گھر کا بھی آنگن، پڑوسیوں نے کہا

چٹکتی کلیوں کی خوشبو سے خوب مہکا تھا

مجھے تو ہوش نہیں ہے کہ کیا ہوا گھر میں

تمہارے لمس کی لذّت بھی مجھ کو یاد نہیں

تمہارے جسم سے لپٹے ہوئے زمانہ ہوا

یہ ہسپتال کے کمرے کی سرد دیواریں

کراہتے ہوئے جسموں کا کرب کیا جانیں

چلو کہ صحنِ مکاں میں ابھی تلک شاید
گئی بہار کے پھولوں کی مضمحل خوشبو
مری کھلی ہوئی باہوں کی طرح درد سے چور
گزرتی عمر کے احساسِ بے بسی سے نڈھال
تمہارے لوٹ کے آنے کی منتظر ہوگی

تخیّل کے پیکر

کبھی جب نیند آتی ہے تو فرشِ خاک پر مجھ کو
سکوں ملتا ہے، پہروں بیخود و خوابیدہ رہتا ہوں
کبھی جب نیند کوسوں دُور رہتی ہے بستر کی
مجھے نرمی بھی چُبھتی ہے
مری بے خواب آنکھوں میں
تخیّل کے کئی پیکر بدلتے ہیں
کبھی میں پھول بن کر نرم ٹہنی پر مچلتا ہوں
کبھی میں بھی پرندوں کی طرح پرواز کرتا ہوں

غزالوں کی طرح میں بھی گھنے جنگل کی چھاؤں میں
کبھی آرام کرتا ہوں
کبھی جھرنے کا پانی بن کے بہتا ہوں چٹانوں پر
کبھی آواز بن کر گونجتا ہوں وادیوں میں کوہساروں میں
کبھی میں کھیلتا ہوں مسکراہٹ بن کے ہونٹوں پر
کبھی ہڑتال کا میں شور بن جاتا ہوں شہروں میں
کبھی میں باغیوں کی بن کے جدّوجہد اُبھرتا ہوں
کبھی میں انقلابوں کی طرح تاریخ کے صفحے الٹتا ہوں
مگر ایسا بھی ہوتا ہے کہ اکثر سوچتا ہوں میں
کہ ایسے دورِ پُر آشوب میں مَیں بھی
مُروّت دوستوں کی اور دلوں کا قرب بن جاؤں
محبت کرنے والوں کے بدن کا لمس بن جاؤں
میں بوسہ بن کے ان کے گرم ہونٹوں سے چمٹ جاؤں

گرد یقیں

میرے سیماب صفت پیکر سے
میری امّید کے مبہم سائے
چھوٹ کر اس طرح کھو جاتے ہیں
جیسے نو بیاہتا دلہن کے حیا آلودہ
گرم گالوں سے کسی ہاتھ میں افشاں چھوٹے
جیسے پھولوں سے زرِ گل چھوٹے
رنگ جیسے کسی تتلی کے پروں سے چھوٹے
میں کبھی گردِ یقیں کے پیچھے

آنکھیں ملتا ہوا دیوانوں کے مانند یونہی دوڑتا ہوں
کبھی مایوسی کی دیوار سے ٹکرا کر
بیٹھ جاتا ہوں کہ دم بھر کو ذرا سستا لوں
اور پھر گردِ یقیں کے پیچھے
دوڑنے لگتا ہوں تسکینِ گماں کی خاطر

کابوس

اندھیری رات کی وادی میں اکثر گھومتا ہوں میں
کبھی ڈھاکہ کی سڑکوں پر
کبھی گجرات میں جل گاؤں میں، یا مائی لائی میں
بھٹکتا ہوں
جہاں بھی میں قدم رکھتا ہوں اک لاشہ نکلتا ہے
میں ان لاشوں پہ جابر بن کے چلتا ہوں
کبھی خود اپنا لاشہ اپنے ہاتھوں میں لئے
زخموں کو گنتا ہوں

لوحِ محفوظ

ہر چیز پہ نشان تری انگلیوں کے ہیں
ہر چیز تیرے نام سے موسوم ہو گئی

(یہ چند نظمیں میں نے اپنی بیوی فاطمہ کے انتقال
سے متاثر ہو کر لکھی ہیں جن کو اُن کے نام سے موسوم
کرتا ہوں۔

راشدؔ آذر

تجھ سے قسمت میں مری صورتِ قفلِ ابجد

تھا لکھا بات کے بنتے ہی جُدا ہو جانا

(غالبؔ)

مومیا[1]

(فاطمہ کے نام ——— جو میری زندگی تھی)

گھر میں جب سے تم نہیں ہو خاک کا تودہ ہے گھر
کیچوے کی طرح رہتا ہوں میں بطنِ خاک پر
روز اپنے آنسوؤں سے گوندتا ہوں خاک کو
اور اس گیلی زمیں میں جل کے سو جاتا ہوں میں
صبح شب بھر کی تھکی بے خواب آنکھیں کھول کر
پھر تلاشِ آب و دانہ میں نکل جاتا ہوں میں
رات کو پھر لوٹتا ہوں دفن ہونے کے لئے
"مومیا آخر کہاں سے آ گئی ہے" کہتے ہیں لوگ

چلتے چلتے ایک دن جب تھک کے سو جاؤں گا میں
زندگی کی آخری سانسیں مری رک جائیں گی
خاک سے اٹھوں گا اور پھر خاک میں مل جاؤں گا

[1] مصالحہ لگی اور سوکھی ہوئی لاش

لامحدود

اور جب لوٹے تمہیں دفنا کے لوگ
ایک اک کر کے سبھی رخصت ہوئے
اور میں کمرہ میں تنہا رہ گیا
اور پھر ہر سمت سے خط آنے لگے
ایک نے لکھا کہ تم تھیں بامروت اور خلیق
دوسرا کہتا تھا تم تھیں بس سراپا انکسار
تیسرے نے تم کو مخلص
اور چوتھے نے حسیں تم کو کہا
سب کے سب الفاظ میں محصور کرنے کے لیے
تم کو ایک اک نام سے موسوم کرتے ہی رہے

میں نے سوچا
میں جدا ابھی تم کو کہہ دوں تو تمہیں
محدود کر دوں

اس لیے
لفظ کی پابندیوں کو
توڑ کر تم کو فضاؤں
اور خلاؤں پر مسلّط کر دیا
ساری موجودات ہی کیا
سارے امکانات پر تم چھا گئیں

مجھے یقین ہو گیا

تم ایک پل کے واسطے
مری حیات میں کچھ اس طرح سے آئیں اور پھر
چلی گئیں
کہ جیسے برق ایک پل کو ندنے کے بعد اک
اندھیرے گھر میں کوئی آنکھ
بند کر کے ایک لمحہ
روشنی کو دیکھ لے
میں ایک دشتِ بے گیاہ میں اکیلا رہ گیا
میں زندگی کی پیاس اب بجھاؤں بھی تو کس طرح
مری رگوں میں دوڑتے لہو کی دھار رک گئی

مری جواں حیات کی دہکتی آگ بجھ گئی
میں روشنی سیاہ شب میں پاؤں تو بھی کس طرح
میں شام کو خود اپنے گھر کو جاؤں بھی تو کس طرح
مرے مکاں میں کون ہے جو آ کے مجھ کو چوم لے
مجھے لپٹ کے جھوم لے
تمہارے لوٹنے کا اک گماں تھا میرے ذہن میں
وہ اب گماں نہیں رہا
مجھے یقین ہو گیا
کہ تم کبھی نہ آؤ گی

پُرسہ

لوگ مرے گھر کیوں آتے ہیں ؟
پرسہ دینے ؟
کس کا ؟
تمہارا ؟
تم تو ابھی تک
میرے خیالوں میں زندہ ہو
گھر کے ہر کونے میں اب تک
ہنسی تمہاری
گونج رہی ہے
میری آنکھوں میں

لئے ہوئے تصویر تمہاری
دنیا کے چپّے چپّے میں
گھوم رہا ہوں

●

مجھ کو پُرسہ دینے والے
اپنے آپ کو پرسہ دے لیں
موت تمہاری
اک دنیا کا المیہ ہے
میرے لئے لیکن تم اب تک
میرے خیالوں میں زندہ

خانۂ ویراں

سوچ رہا ہوں گھر کیوں جاؤں
کون ہے اس گھر میں جو مجھ کو
لوٹ کے آتا دیکھ کے دوڑے
مجھ سے لپٹے، مجھ کو اپنی
کھلی ہوئی باہوں میں لے لے
اور اپنے بھیگے ہونٹوں کو
میرے لبوں پر چسپاں کر دے
میرے وجود میں ضم ہو جائے

روتی ہیں گھر کی دیواریں
تم اب کبھی نہیں آؤ گی
سوچ رہا ہوں میں کیوں جاؤں
گھر میں اب رکھا ہی کیا ہے

تمہارے بعد

تمہارے ساتھ عجب طرح سے حیات کٹی
کہ جتنے لمحے ملے جدّ و جہد سے پُر تھے
کچھ اس قدر رہے مصروفِ جہد ہم دونوں
کہ ہم کو فرصتِ گفت و شنید بھی نہ ملی

تمہارے بعد مری زندگی کا ہر لمحہ
تمہارے ساتھ ہی مصروفِ گفتگو گزرا
وہ ساری باتیں جو تم سے نہ کرسکا تھا میں
وہ ساری باتیں اکیلے میں تم سے کرتا ہوں

کل اور آج

یہ ہے میرے "کل" کی کہانی:
دو ہونٹوں کے پیار کی حدّت
دو جسموں کے لمس کی گرمی
دو پیکر اور ایک ہی سایہ
بے خواب آنکھیں
ایک تلاطم
بستر کی قسمت میں یہ تھا
سوچنے والے سوچ رہے تھے
ایک ہی پیکر
اس بستر پر
لیٹا ہوگا
لیکن بستر کی ہر سلوٹ
بول رہی تھی

اک پیکر اور ایسی قیامت؟
ناممکن ہے
سلوٹی چادر اُلٹ گئی ہے!
یہ دن وہ تھے
جب تم اس دنیا میں تھیں اور میں زندہ تھا

یہ ہے میرے "آج" کا قصہ:
آج اکیلے جسم کی ٹھنڈک
کانپتے ہونٹوں کی تنہائی
اک پیکر اور لاکھوں سائے
بے خواب آنکھیں
ایک تلاطم
بستر کی قسمت میں یہ ہے
سوچنے والے سوچ رہے ہیں
لاکھوں پیکر
اس بستر پر

لیٹے ہوں گے
بستر کی ہر سلوٹ سینہ پیٹ رہی ہے
اک پیکر اور ایسی قیامت !
کیسا غضب ہے
ساری چادر اُلٹ گئی ہے !

یہ دن وہ ہیں
جب تم اس دنیا میں نہیں ہو
اور تمہارے بعد بھی میں اب تک زندہ ہوں